{ 원셀프 }
Oneself

아주 특별하고, 어떤 경우에도 중요하고 독특하며
단 하나뿐인 '나'라는 존재

{ 원셀프 }
Oneself

쓰지 슈이치 지음 | **한세희** 옮김

지웅책방

자기긍정감이
우리를 힘들게 한다?

요즘 '자기긍정감'이라는 제목의 책들이 자주 눈에 띕니다. 더불어 자기긍정감을 기르는 것이 중요하다고 강조합니다. 뭔가를 성취하고 성공하기 위해서 꼭 필요한 요소라고 말입니다.

'○○씨는 자기긍정감이 낮다'

'자기긍정감을 조금 더 길러야 한다'

'자기긍정감은 무조건 길러야 하는 것'

'낮은 자기긍정감이 문제다'

이것은 자기긍정감을 주제로 한 책에서 주로 표현하는 말입니다. 그런데 저는 자기긍정감에 대한 집착과 자기긍정감을 지나치게 내세우는 사회 분위기가 조금 걱정스럽습니다.

우리는 모든 일에 긍정적일 수만은 없으니까요. 하지만 그걸 알면서도 성공하기 위해서는 긍정적이어야 한다는 강박에 사로잡혀 정신적으로 큰 고통을 받고 있습니다. 긍정적이어야만 성공할 수 있다는 자기긍정 지상주의 말입니다.

그래서 자기긍정감이 나답게 행복한 삶을 사는 방법을 제시한다는 의견에 동의하기 어렵습니다. 여러분은 어떻게 생각하시나요?

스포츠 닥터로서 운동선수들의 정신적인 부분을 지원하면서 알게 된 것이 있습니다. 그들은 대부분 주니어 시절부터 '자기긍정감을 길러 자신감을 키우고 노력해야 한다'는 인식을 가지고 있습니다. 많은 선수들이 결과나 성공에 매달려서 고통받고 있다는 사실입니다. 이러한 굴레에 한번 빠지면 좋은 결과를 얻을 수 없습니다.

저는 자기긍정 지상주의 풍조가 비즈니스 세계는 물론 교육 분야에도 만연해 있기 때문에 오히려 우리의 삶이 행복하지 않다고 생각합니다.

그렇다면 우리 사회는 언제, 어디서부터 자기긍정감이라는 굴레에 빠졌을까요?

그리고 자기긍정감 지상주의 사회에서 벗어나 나 자신을 지키는 방법은 무엇일까요?

저는 전문 분야인 뇌와 마음을 토대로 인간의 사고 구조를 풀어보며 그 해답을 찾아보고자 합니다.

한때는 저도 자기긍정감을 가져야 한다는 생각에 지나치게 빠져 있었습니다. 저는 에스컬레이터식으로 진급하는 것으로 유명한 사립 중고등학교에서 공부했습니다. 의학부 시절에는 스포츠 활동도 열심히 했고 의사 국가시험에 합격하고 시작한 인턴 시절에는 많은 업무량에도 지치지 않고 최선을 다해 노력했습니다. 하지만 그 시절을 떠올리면 괴로웠다는 생각이 먼저 듭니다.

시험이나 경기, 어려운 업무를 성공적으로 마무리해봤자 나보다 훨씬 뛰어난 사람은 항상 있게 마련이고, 스포츠 분야에서도 나보다 뛰어난 운동선수를 이길 수 없었습니다. 최선을 다해 노력해봤자 근무하던 병원에서 사람이 죽는 경험을 하고 나니 행복한 삶이란 무엇일까 생각하게 되었습니다.

그러다 서른 살이 갓 넘었을 무렵 드디어 한 사람의 의사로서 제 몫을 하기 시작했다고 생각했을 때 제 인생을 바꿀 만한 일을 만났습니다.

바로 〈패치 아담스(Patch Adams)〉라는 영화를 접하고 나서였습니다. 저는 원래 로빈 윌리엄스라는 배우를 좋아했는데, 이 작품은 그가 패치 아담스라는 주인공 의사를 연기한 논픽션 영화입니다.

영화는 '삶의 질(Quality of Life)'을 주제로 인생이 가치 있다는 이야기를 들려주는데, 당시 저의 마음을 크게 울렸습니다. 이 영화를 만나기 전까지는 삶의 '질(質)'이 무엇인지 생각해본 적도 없이 그저 평범한 삶을 살고 있었습니다. 그러나 이 영화 덕분에 생각과 행동, 시간의 질 등은 눈에 보이지 않지만 우리 주변에 항상 존재한다는 사실을 알게 되었습니다.

저는 운이 좋게도 영화의 실제 주인공인 패치 아담스가 일본에서 강연회를 했을 때 직접 보았습니다. 벌써 30년 전이라 강연의 구체적인 내용은 가물가물하지만 2가지는 또렷이 기억납니다.

첫째, 모든 가치를 만드는 열쇠는 자기 마음에 있다.

둘째, 행복은 남이 정한 외부의 조건을 기준으로 삼는 것이 아니라, 스스로 행복하다고 느끼면 되는 것이다.

삶의 가치와 행복을 느끼는 데는 나의 마음과 감정이 중요하다는 말이 상당히 인상적이었습니다. 당시 강연회 장소였던 퍼시픽 요코하마에서 도쿄에 있는 집으로 돌아오는 내내 '나는 무엇일까?', '내 생각은 뭘까?', '내가 어떻게 받아들이냐에 따라 달라진다' 등등 많은 생각을 했던 기억이 있습니다.

자기긍정감은 내가 아닌 외부의 조건이나 평가, 상식, 비교 등으로 만들어지는 것이므로 여기에는 진정한 의미의 행복이 존재하지 않습니다. 따라서 나라는 존재와 생각 그리고 감정에 몰입하여 '자기존재감'을 기르는 것이 더 행복하다고 말하고 싶습니다. 이것이 바로 이 책의 주제입니다.

저는 나라는 존재에 몰입하는 것이 진정한 행복이라는 것을 어렴풋이 깨닫고 내과 의사를 그만두었습니다. 이후 내면을 들여다보고 관찰하여 나의 마음을 다스리고 가치 있는 삶을 사는 것이 훨씬 소중하다는 것을 우리 사회에 전달하고자 지금의 활동을 하게 되었습니다.

이 책을 통해 자기존재감에 대한 제 생각을 여러분에게 전할 수 있어서 진심으로 감사하게 생각하고 있습니다. 지금 자기긍정감 지상주의에 빠져 괴로워하고 있는 분이 있다면, 이 책의 내용이 자기존재감의 소중함에 눈뜨는 계기가 되면 좋겠습니다.

자기긍정감을 기르는 일에 집착해 괴로워하던 사람이 자기존재감을 깨닫는다면, 타인의 시선과 평가 따위에 신경 쓰지 않고 새로운 인생을 살 수 있습니다.

자기존재감은 특별한 것이 아닙니다. 원래부터 내가 '가진 것'을 '깨닫기'만 하면 됩니다. 내가 이미 가지고 있는 능력 말입니다.

자기긍정감이 우리를 괴롭히는 이유, 그리고 자기존재감은 어떠한 사고방식이며 어떻게 해야 자기존재감을 느낄 수 있는지 알기 쉽게 풀어보았습니다. 이제까지 여러분이 걸어온 인생을 돌아보며 읽는다면 훨씬 도움이 될 것입니다.

Part 02

남의 일상을 들여다볼 시간에
나 자신을 들여다보자

Part 03

지금 내 모습도
충분히 괜찮다고 느끼는 순간

Part 04

오늘 하루 있는 그대로의
내 모습으로 살았나요?

Part 05

'잘했다' 대신 '고맙다',
'기대할게' 대신 '응원할게'

Review

내 삶에 '좋아요'를 누르기 위해 알아야 할 것들

긍정주의의
배신

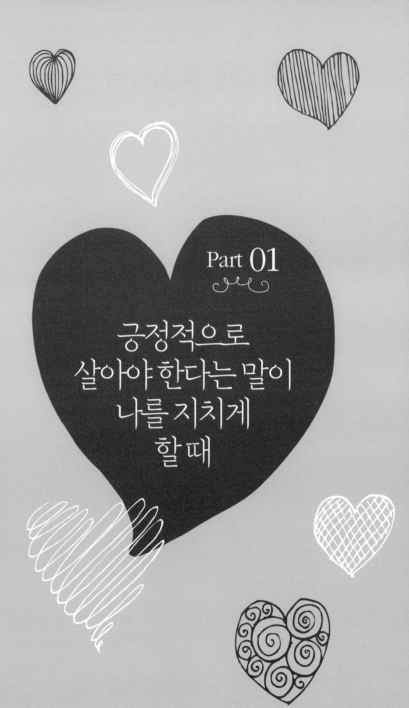

Part 01

긍정적으로
살아야 한다는 말이
나를 지치게
할 때

'나를 긍정한다'면
나는 행복할까?

'나를 긍정한다'는 말은 언뜻 참 좋게 들립니다. 하지만 여기에는 매사에 긍정을 강요하며, 부정하면 안 된다는 고정관념이 숨어 있습니다.

나 자신을 있는 그대로 받아들이고 나답게 살자는 의미일지 모르지만, 더불어 무한 긍정을 위해 남과 비교하거나, 어떻게든 긍정적인 것을 찾아 의미를 부여해야 한다는 집착을 만듭니다.

이러한 사고방식의 전형이 '자기긍정감을 높이려면 성공 체험을 해야 한다'는 말입니다. 요컨대 '자기긍정감'을 높이거나 길러야 한다는 것이죠. 그런데 여기에는 높낮이, 즉 상대적 비교의 개념이 깔려 있습니다.

그렇다면 자기긍정감을 어디까지 길러야 할까요?

또 자기긍정감이 얼마나 높아야 만족할까요?

자기긍정감이라는 말은 우리가 알지 못하는 사이에 이러한 모순점을 유발합니다.

자기긍정감을 키우기 위해 우리는 먼저 그것이 높은지 낮은지
또는 긍정할 만한 가치가 있는지,
타인은 물론 사회와 끊임없이 비교해야 합니다.

하지만 올림픽에서는 금메달을 따지 못하는 사람이 대부분이고, 힘들게 일류 대학교에 합격해서 들어가 보면 나보다 우수한 사람들이 수두룩합니다. 또한 다이어트를 열심히 해서 3킬로그램을 감량했어도 나보다 스타일이 훨씬 좋은 사람은 얼마든지 있습니다. 트위터 팔로워 수가 1만 명인 나보다 더 많은 사람들도 흔합니다.

나를 긍정하려면 타인이나 사회의 상식, 또는 내가 추구하는 이상과 계속해서 비교해야 합니다. 외부에 있는 모든 것과 비교해야 한다고 강요당하는 것이나 마찬가지입니다.

자기긍정감을 올림픽이나 일류 대학교, 다이어트, 팔로워 수 같은 것으로 기르는 것은 진정한 나를 마주하고 개개인이 행복한 인생을 사는 방법이 아닙니다.

긍정적인 사람이
되어야 한다는 강박

지금보다 좋은 사람이 되려고 열심히 노력하는 것은 매우 바람직한 일입니다.

하지만 자기긍정감을 높이기 위해 성공해야 한다는 식의 망상을 좇는 것이 과연 의미 있는 일일까요?

성공이란 무엇일까요?

세계적인 경기에 나가는 것? 주식 투자로 부자가 되는 것? 텔레비전에 나오는 것? SNS에서 구독자와 '좋아요' 수가 많은 것? 유명해지는 것?

'나를 긍정하기 위해 성공하는 것'은 내가 아닌 타인의 기준에 맞춰 사는 것과 같습니다. 그래서 나를 긍정하려면 남들보다 훨씬 노력해야 합니다. 하지만 노력하면 할수록 오히려 괴로워지고 자기긍정감이 떨어진다는 모순이 발생합니다.

간혹 자기긍정감을 높이기 위해 나를 속이고
항상 긍정적인 생각을 해야 한다고 믿기도 합니다.

이것이 자기긍정감의 함정입니다.

"저는 자기긍정감이 높은 편이에요!", "매사에 긍정적으로 생각하는 편이라 제 자신은 물론 사회에도 불만이 없어요!"라고 이야기하지만, 사실 속으로는 끙끙 앓고 있는 사람들이 많습니다.

이는 '부정'이라는 말에 거부감을 느끼고, 부정하면 안 된다는 생각이 머릿속에 박혀 있어 '모든 일을 긍정적으로 생각하는 것이 자기긍정감을 키우는 열쇠'라고 믿기 때문입니다.

요컨대 자기긍정감 지상주의는 '성공이 선(善)이고 긍정적인 생각이 옳은 것(正)'이라고 맹신합니다.

원래부터 이런 생각을 하지는 않았을 것입니다. 하지만 현대 사회를 사는 동안 우리의 뇌가 자기긍정감을 이렇게 이해하고 있는 탓에 행복하기는커녕 괴로워하는 사람이 더 많아지고 있습니다.

나를 긍정하려면
남을 부정해야 한다

저는 지금 우리가 사는 사회에 자기긍정감에 대한 망상이 점점 더 심해지면, 학대나 따돌림, 비방이나 혐오주의로 번질 위험이 있지 않을까 걱정스럽습니다.

자신을 긍정하면 할수록 타인을 부정할 위험이 있기 때문입니다.

나를 괴롭히는 상사도 사실은 본인의 자기긍정감을 유지하고 기르기 위해 자신의 지위에 집착하는 것입니다. 이처럼 '사람 됨됨이'라든가 '사회적 지위'는 자기긍정감이라는 개념에서 매우 중요합니다.

반면 자기존재감이라는 개념은 상사나 부하직원 같은 사회적 지위를 따지지 않습니다.

강자와 약자, 메이저와 마이너 그리고 정의와 불의 같은 대립 구조는 어쩌면 긍정 지상주의가 만들어낸 것이 아닐까요?

강자는 약자를 지배하는 것으로, 메이저는 마이너의 자리를 빼앗는 것으로, 그리고 정의는 불의를 부정하며 자기긍정감을 채웁니다.

이렇듯 자기긍정감에 대한 집착이
오히려 부조리한 세상을 만들고 열등감을 낳습니다.

저는 자기긍정감을 기르는 데 급급한 지금의 우리 사회가 걱정스럽습니다. '자기긍정감을 길러야 한다', '자기긍정감이 낮으면 안 된다', '자기긍정감이 있어야 성공한다'라는 사회 풍조 속에서 우리 개개인은 과연 행복할까요?

저는 그렇지 않다고 생각합니다. 자기긍정감을 향한 무의식적인 집착이 저는 물론 우리 주변과 사회를 괴롭히고 있습니다.

이런 의미에서 지금 우리 사회는 과도한 자기긍정감으로 모두가 학대받는 사회나 다름없습니다.

자기긍정감을
버려야 할 때

SNS는 일반적이며 일상적인 미디어로 자리 잡고 있습니다.
개개인이 자기 의견을 말하기 쉬운 세상이 되었다는 의미에서
분명 좋은 일입니다.

그러나 자기긍정감을 키우는 것이 옳다고 착각하여 무턱대
고 남의 의견이나 생각을 부정하는 현상도 심심찮게 나타나고
있습니다.

어쩌면 자기긍정감이 옳다는 생각 뒤에는 자기긍정감 지상
주의가 숨어 있는 것이 아닐까요?

물론 이러한 사회현상 자체가 문제라고 할 수는 없습니다.
뒤이어 자세히 살펴볼 내용이지만, 여기에는 인간의 인지적 뇌
의 폭주를 조장하는 자기긍정감 지상주의가 숨어 있습니다.

따라서 지금이야말로 나를 긍정한다는 명목하에 타인을 부

정하거나, 나의 능력을 기르고 키워야 한다는 압박감, 그리고 우열을 나누는 발상에서 벗어난 다른 시각이 필요합니다.

그중 하나가 '자기존재감'이라고 생각합니다.

외부에 휘둘리지 않고 내면의 나라는 '존재'를 느낀다면
다른 모든 존재도 가치 있다는 것을 깨달을 수 있습니다.

자기 존재의 가치를 깨달으면 서로를 믿고 인정하며 존경할 수 있죠. 더 나아가 오늘날의 사회에서 필요한 다양성과 포용성을 가진 평화로운 사회를 실현할 수 있습니다.

자기긍정감은 성공에 대한 집착을 낳는다

얼마 전 레스토랑에서 식사하고 있을 때의 일입니다. 바로 옆 자리에 남녀 두 커플이 앉아서 이야기하고 있었습니다.

그들의 대화 내용을 들어보니, 언행이 매우 감정적이었고 무의식적으로 자기긍정감에 집착하고 있다는 것을 느꼈습니다. 상대방을 이기겠다는 뉘앙스로 말하는 대화를 듣고 있으려니 기분이 좋지 않았습니다.

그들의 대화를 듣자마자 이러한 언행이 바로 '마운팅(mounting)' 이라는 것을 알 수 있었습니다. 이는 자신이 상대보다 훨씬 우월하다는 것을 주변에 알리는 행위를 말합니다.

그들 네 사람 중 2명은 남들이 다 알 만한 유명 대학, 유명 기업에 근무하고 있는 듯했습니다. 두 사람은 이러한 자신들의 자기긍정감을 유지하려고 자랑하면서 상대적으로 자기보다 떨어진다고 생각하는 상대에게 무의식적으로 마운팅 행위를 하고 있었습니다.

그들은 어린 시절부터 구축한 자기긍정감을 유지하기 위해 자신도 모르는 사이 남에게 마운팅 행위를 하며 살았을 것입니다.

공부면 공부, 운동이면 운동, 일이면 일, 그들이 열심히 노력했던 사실 자체를 부정하는 것은 아닙니다. 이러한 노력이 얼마나 소중한지 잘 알고 있습니다.

그러나 노력의 결과가
자기긍정감이어서는 안 됩니다.

결과에 집착하다 보면 점점 괴로워집니다. 결과와 마찬가지로 노력했던 과정도 유일무이한 '나의 존재'를 깨닫고 느끼는 데 필요합니다.

있는 그대로의
나여도 괜찮다

한편 학교교육을 비롯한 가정교육, 사회교육 등 우리 사회의
모든 교육과정에는 비교와 평가가 존재합니다. 이렇듯 자연스
럽게 자기긍정감 지상주의로 가는 길을 안내하는 것입니다.

그렇기에 남과 비교당하는 것이 괴롭더라도 이 방법으로 자
기긍정감을 기를 수밖에 없는 상황입니다.

저 또한 경쟁 세계에서 고군분투하며 나름대로 자기긍정감
을 높이고 유지해왔습니다. 하지만 앞에서 이야기했듯이 이러
한 고통은 서른 살 무렵에 〈패치 아담스〉를 만나 잘못되었다는
것을 깨닫고 나서야 벗어날 수 있었습니다.

운이 좋았다고 해야 할까요? 저희 부모님은 자기긍정감을
기르는 교육법으로 저를 가르치지 않으셨습니다. 누군가와 비
교하거나 성공을 강요하는 일도 없었습니다. 대신 '그저 있는

그대로의 너여도 괜찮단다'라는 말을 들으며 자랐습니다. '공부해라', '하지 마라' 같은 말도 하지 않으셨습니다. 경기에 나갈 때도 '이겨라'라든가 '져도 괜찮아'라는 말을 하지 않으셨고, 심지어 '의사가 돼라 마라' 같은 말을 들은 기억도 없습니다.

부모님은 그저 저를 지켜보고 응원해주었던 기억만이 강하게 남아 있습니다.

이후 저는 모든 것을 스스로 선택했으며 공부와 스포츠, 일을 비롯해 매사에 최선을 다했습니다. 그런데 어느 날 정신을 차려보니 어느새 자기긍정감 지상주의에 빠져 있었습니다. 실력이 뛰어난 의사들 사이에서 제가 아무리 노력해봤자 현실에서는 매일매일 환자가 죽어나갔습니다. 저는 더욱더 자기긍정감을 유지할 수 없었습니다.

그때 〈패치 아담스〉라는 영화를 만났고 이제까지의 인생을 돌아볼 기회가 생겼습니다.

모두 어린 시절 부모님의 교육 방식 덕분이었습니다.

남보다 성공했는데,
행복하지 않다

우선 자기긍정감처럼 행복의 조건을 외부에서 찾지 않고, 나의 내면부터 관찰하기 시작했습니다. 그러자 저는 스포츠를 뛰어나게 잘하지는 않지만 진심으로 스포츠를 좋아한다는 사실을 알게 되었습니다. 한밤중이든 쉬는 날이든 피곤한 기색 없이 스포츠를 즐기는 나를 발견했습니다.

시험에서 백 점을 맞는 것보다, 농구 경기에서 주전으로 활약하거나 우승하는 것보다, 내가 치료한 환자가 회복하는 것보다 내 심장을 뛰게 하는 무언가가 내 안에 있었습니다.

저희 집은 대대로 의사 집안입니다. 아버지는 입버릇처럼 '세상은 물론, 타인을 위한 일이 결국 자신을 위한 것'이라고 말씀하셨습니다. 어린 시절부터 이 말을 듣고 자란 덕분인지 사회나 남을 도우며 사는 일은 자기희생이 아니라 기분 좋은 일이라는 것을 무의식적으로 알고 있었습니다.

그렇게 스포츠 전문의가 돼서 응용 스포츠 심리학으로 선수들의 마음을 살피고, 사회와 사람들이 삶의 질을 높이는 데 도움을 주는 인생을 살기로 마음먹었습니다.

이렇게 설명하고 보니 거창하게 들릴 수 있지만 수많은 실패와 사건을 겪고 괴로움도 맛보았습니다. 아마도 아내와 딸들의 이해와 지지가 없었다면 지금의 저는 없을 것입니다.

이후 저의 인생은 자기긍정감의 세계에서 애쓰기보다 '자기존재감'을 생각하는 삶으로 바뀌었고, 누가 보더라도 안정적이고 즐거운 인생을 살게 되었습니다.

저처럼 자기긍정감에 집착하지 않고 마운팅하지 않아도 되는 삶을 누구나 살 수 있습니다. 이러한 삶은 뇌를 쓰는 방법, 즉 사고방식을 바꾸기만 하면 됩니다.

사고방식을 바꾸면
우리는 자기존재감이 충만한 삶을 살 수 있습니다.

실패한 내 모습조차 긍정하려면?

지금 우리 사회에는 경제 격차, 사회 불평등, 환경문제 등이 만연해 있습니다. 전 세계에 널리 퍼져 있는 만큼 누구나 이러한 문제를 체감하고 있을 것입니다.

저는 '자기긍정감에 대한 맹신'이 이러한 문제를 초래하는 원인 중 하나라고 생각합니다.

자기긍정감은 히에라르키(Hierarchie, 서열 관계로 나눠진 피라미드형 체계), 즉 위계적인 사고와 다르지 않습니다. 자기긍정감은 그 원점이 피라미드 구조라는 점에서 상하 관계나 우열이 지배하는 조직에서 권리나 돈을 추구합니다. 더불어 효율화와 자기중심주의를 초래하여 격차와 대립을 낳는다는 점에서 앞서 언급한 다양한 문제의 원인이 됩니다.

사람마다 각자 다른 역할을 맡아서 사회가 움직이는 것입니다. 스포츠도 마찬가지입니다. 하지만 '자기긍정감에 대한 맹신'은 사회를 무너뜨리는 길로 인도합니다.

자기긍정감의 원래 의미는 '나의 모든 모습을 긍정적으로 받아들이는 것'입니다. 하지만 나를 긍정하려면 어쩔 수 없이 남과 비교하거나, 외부의 평가에 집착하는 인지적인 뇌가 발동합니다. 바로 이것이 사회문제를 낳는 원인입니다.

만화와 드라마로 유명한 〈한자와 나오키(半沢直樹)〉에 나오는 기업 구조는 우리가 살고 있는 사회는 물론 세계 곳곳에 숨어 있습니다. 한자와 나오키는 자기존재감을 에너지의 원천으로 살아가는 주인공입니다. 드라마는 사회 시스템에 기죽지 않는 모습을 보여줌으로써 우리에게 메시지를 줍니다.

우리가 느끼는 사회 부조리의 배경에는
자기긍정감을 높이려는 욕구가 초래한 인류의 폭주가 숨어 있습니다.

반면 자연계는 조화를 중요하게 여깁니다. 생명 하나하나에는 자기존재감은 있지만 자신을 긍정하기 위해 성공에 집착하는 욕구나 욕망은 존재하지 않습니다. 이런 의미에서 '인간의 뇌가 폭주한 것이 자기긍정감에 대한 맹신'입니다.

자기긍정감이
격차를 만든다

2006년에 노벨평화상을 받은 무함마드 유누스(Muhammad Yunus) 박사는 그라민 은행(Grameen Bank)의 창립자로 '3가지 제로(Three Zero)'를 지향하며 활동한 사회기업가입니다. 그가 지향하는 3가지 제로는 앞서 설명한 사회문제와도 연관이 있습니다.

모든 문제의 원인은 자기긍정감 지상주의에 있습니다. 자기긍정감을 채우려면 항상 성공해야 하는데. 이 때문에 사회는 서열이 만들어지고 격차가 발생합니다.

유누스 박사는 이러한 사회문제를 해결하는 방법으로 '사회적 기업의 7가지 원칙(Seven Principles of Social Business)'의 필요성을 언급했습니다. 우리는 여기에서 문제 해결의 힌트를 발견할 수 있습니다.

1. 사회적 기업의 목적은 이익의 최대화가 아니라 빈곤, 교육, 환경 등의 사회문제를 해결하는 것
2. 경제적 지속 가능성을 실현할 것
3. 투자자는 투자원금만 회수하고, 투자원금을 넘는 배당금은 받지 말 것
4. 투자원금 회수 이후에 발생한 이익은 사원의 복리후생 또는 더 나은 사회적 기업, 자사에 재투자할 것
5. 성 평등과 환경문제에 관심을 가질 것
6. 근로자에게 좋은 노동 환경을 유지할 것
7. 즐겁게 일할 수 있을 것

7가지 원칙으로 자기존재감을 기르지는 못하지만, 다음 장에서 이야기하는 인지적인 자기긍정감의 폭주에서 벗어날 수 있습니다. 더 나아가 한 사람 한 사람이 자기존재감을 토대로 인생을 살고, 그러한 사회구조를 만드는 데 도움이 됩니다.

최근 전 세계의 공동 목표인 SDGs(Sustainable Development Goals, 지속 가능한 발전 목표)에서 이야기하는 17개의 사회문제도 모두 인지적인 뇌의 자기긍정감을 향한 인류의 폭주에서 기인한 것입니다.

사회, 특히 비즈니스 세계는 자기긍정감으로 구성된 만큼 다양한 문제가 있습니다. 지금의 자본주의 경제는 '돈을 벌고 싶

다', '훌륭한 사람이 되고 싶다', '잘살고 싶다'라는 자기긍정감을 키우고자 하는 욕구를 기반으로 발전했습니다.

그러다 최근에야 자기긍정감에 대한 맹신의 한계를 세계와 사회, 그리고 인류가 깨닫기 시작한 것은 아닐까요? SDGs는 바로 이러한 인류의 깨달음을 보여주는 것입니다.

자기긍정감의 승리자인 선진국이 후진국에 자신들의 우월성을 과시했지만, 그로 인해 발생한 사회문제로 그들의 사회가 피폐해졌다는 사실을 깨달았기 때문입니다.

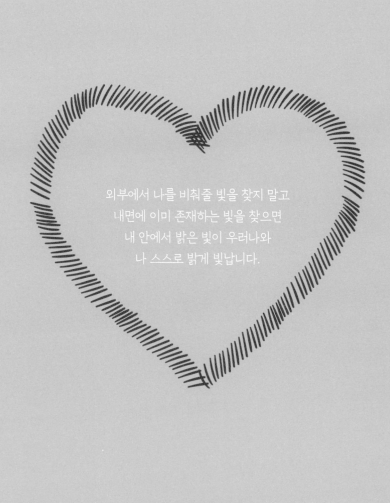

외부에서 나를 비춰줄 빛을 찾지 말고
내면에 이미 존재하는 빛을 찾으면
내 안에서 밝은 빛이 우러나와
나 스스로 밝게 빛납니다.

나만을
생각하는
24시간

Part 02

남의 일상을
들여다볼 시간에
나 자신을
들여다보자

인정받으려는 욕망이
나를 힘들게 한다

세계는 집단, 국가, 조직, 기업, 법인 그리고 가족 등등 다양한 사회로 구성되어 있습니다. 그중 조직이나 기업, 가족은 개인으로 이루어져 있습니다.

이때 인간이라는 개인을 움직이는 것은 뇌, 즉 사고입니다.

인류만이 손에 넣은 문명은 호모사피엔스 시대부터 40만 년에 걸쳐 인간의 뇌가 진화한 증거입니다. 문명의 발전을 위한 뇌의 진화는 인지적 사고의 진화인 셈입니다.

인지적 사고는 생명을 유지하고자 하는 것 이상으로 다양한 결과를 추구합니다. 편리한 결과, 효율성이 뛰어난 결과, 훌륭한 결과, 금전적으로 큰 이익을 얻는 결과, 물질적으로 풍족한 결과 등을 말합니다. 이것은 한마디로 자기긍정에 대한 욕구입니다.

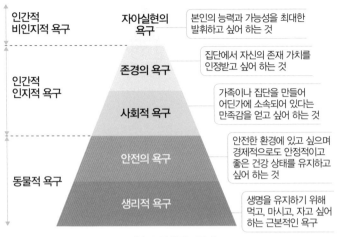

매슬로의 욕구 5단계

인간적 비인지적 욕구 — 자아실현의 욕구 : 본인의 능력과 가능성을 최대한 발휘하고 싶어 하는 것

인간적 인지적 욕구 — 존경의 욕구 : 집단에서 자신의 존재 가치를 인정받고 싶어 하는 것 / 사회적 욕구 : 가족이나 집단을 만들어 어딘가에 소속되어 있다는 만족감을 얻고 싶어 하는 것

동물적 욕구 — 안전의 욕구 : 안전한 환경에 있고 싶으며 경제적으로도 안정적이고 좋은 건강 상태를 유지하고 싶어 하는 것 / 생리적 욕구 : 생명을 유지하기 위해 먹고, 마시고, 자고 싶어 하는 근본적인 욕구

인지적 사고는 자기긍정 욕구를 실현하기 위해 외부와 다양하게 접촉하여 평가와 분석을 토대로 행동하려는 뇌 기능을 말합니다. 이는 업무를 수행할 때 PDCA(Plan Do Check Action, 계획→실행→평가→개선을 반복 실행하여 목표를 달성하는 기법) 사이클을 활용해 좋은 결과를 얻고자 하는 인간만이 가진 인지적인 활동입니다.

매슬로(Abraham Maslow)의 욕구 5단계 이론(Hierarchy of Needs Theory)으로 설명하면, 생리적 욕구나 안전 욕구는 동물에게도 에너지의 원천이지만, 훨씬 고차원적인 사회적 욕구와 존경의 욕구는 인류 고유의 인지적인 뇌가 만든 것입니다.

승자는 오직
한 명뿐인 세계

인류는 진화를 통해 인지적인 사고방식을 활용하는 뇌가 발달했고, 더 나아가 교육 시스템을 강화해서 인지적인 뇌를 한 단계 성장시켰습니다.

학교교육이나 사회교육의 목적은 오직 결과입니다. 다시 말해 교육을 통해 사회적 욕구나 존경의 욕구를 채우고 사회 속에서 자기긍정감을 얻겠다는 목적으로 진화한 뇌력(腦力), 즉 뇌의 능력을 추구합니다.

이러한 교육 시스템에서는 학교 레벨이나 성적을 비교하고, 심지어 체육이나 미술, 음악 분야도 점수화하여 학년마다 순위를 냅니다. 교육의 궁극적인 목적이 대학 입시에 맞춰져 있기 때문입니다.

사회 전반적으로 교육 구조가 수험 전쟁을 비롯해 자기긍정감을 추구하는 사회적 니즈(needs)에 맞춰져 있습니다.

예를 들어 스포츠 분야에서는 주니어를 지도할 때, 아이들에게 승리의 기쁨을 맛보아야 하며, 경기에 출전해서 이기기 위해 노력하는 선수가 되는 것이 최고라고 가르칩니다. '스포츠를 통해 자기긍정감을 기르는' 지도 교육은 여기에 참여하는 아이들을 무의식적으로 힘들게 합니다.

모든 아이가 경기에 출전할 수 없으며,
출전한 모든 선수가 이길 수는 없습니다.
그리고 항상 우승하리라는 보장도 없는 것이
스포츠의 현실입니다.

이러한 현실에서 자기긍정감을 기르는 방식의 스포츠 교육은 발전 가능성에 한계가 있습니다. 특히 매 경기마다 패자를 탈락시키는 토너먼트 경기에서는 자기긍정감을 유지하기 어렵습니다.

중학교보다 고등학교, 고등학교보다 대학교에 들어가서 운동을 그만두는 이유는 우리 사회가 자기긍정감을 점점 유지하기 어려운 환경이기 때문입니다.

저는 대학교에서도 체육 활동으로 농구를 했지만 실력이 뛰어난 편은 아닙니다. 하지만 제가 담당하는 운동선수 중에는 올림픽 국가대표와 프로 선수들이 대부분입니다. 저의 경기력을 이들과 비교하면 자기긍정감을 유지하는 건 당연히 어렵습니다.

그래서 저는 선수들은 알기 어려운 뇌나 마음의 구조를 공부하면서 제 나름대로 자기긍정감을 유지하고 있습니다. 하지만 이 방법은 한계가 있습니다.

반면 '스포츠를 좋아하는' 마음은 제 것이므로 남들과 비교하지 않아도 되는 자기존재감의 원천입니다. 이러한 마음을 지닌 덕분에 저는 올림픽에 출전한 선수나 일본 국가대표 선수를 만나도 열등감을 느끼지 않고 대등한 사이로 지낼 수 있습니다.

이는 스포츠 세계만의 이야기가 아닙니다. 우리는 자기긍정감을 기르기 위해 다양한 교육을 받고, 그렇게 얻은 인지적 사고가 모든 활동을 지배하는 사회에 살고 있습니다.

우리는 다양한 상황에서 긍정적으로 생각해야 한다고 강조하며, 긍정감을 유지하기 위해 끊임없이 인지적 사고를 합니다. 또한 우열을 가리는 세상에서 살아남기 위한 비결, 즉 나를 긍정하는 방법을 외부에서 계속 찾고 있습니다. 하지만 안타깝게도 이 방법으로는 영원히 자기긍정감을 채울 수 없습니다. 오히려 '더 노력해야지'라며 자신을 괴롭힐 뿐입니다.

오늘날의 사회에서 자기긍정감을 유지하려면 연봉, 외모, 학력, 지위, 운동 경기 전적, 다니는 회사 등 갖춰야 할 것이 끝도 없습니다. 외부의 기준과 나를 비교하면서 긍정감을 유지하고 기르기는 쉽지 않습니다. 외부의 다양한 기준에 일일이 맞출 수 없기 때문입니다.

말하자면 인지적 사회에서 자기긍정감이라는 신앙 뒤에는 오히려 자기부정을 조장할 위험이 숨어 있습니다.

성공을 강조하면
실패가 두려워진다

자기긍정감만큼 유명한 말로 '성공 체험'이라는 것이 있습니다. 특히 성공한 경험이 많아야 자기긍정감을 기를 수 있다고 말합니다. 하지만 이는 자기긍정감의 필수 조건으로 지극히 인지적인 발상입니다.

성공은 하나의 결과에 불과하며 외부에 있는 누군가의 평가로 만들어진 개념일 뿐입니다. 그런데도 우리 사회는 성공만을 추구하는 경향이 있습니다. 점점 성공에 집착하다 보면 괴로움에 빠집니다.

성공만 강조하면 실패를 두려워하게 되고, 자기긍정감은커녕 자기부정이 훨씬 커집니다.

성공은 스스로 통제 불가능한 것이며 남이 멋대로 만든 기준으로 평가하는 것에 불과합니다.

우리가 행복한 인생을 살려면 기본적으로 성공 체험보다 나의 존재 자체를 우선적으로 생각하는 습관을 들여야 합니다. 나를 소중히 여겨야 자기존재감을 키울 수 있습니다.

외적인 성공보다 스스로 통제할 수 있는
내면에 '존재하는 것'을 소중히 여기고
그 가치를 존중해야 합니다.

나의 내면에는 내가 느낀 것, 노력하는 것, 즐거워하는 것, 좋아하는 것 등이 있습니다. 성공을 중요시하는 자기긍정감 대신, 지금 내가 가진 것의 가치에 무게를 두는 자기존재감이 우리 인생을 더욱 풍요롭게 할 것입니다.

나를 행복으로 이끄는 성공, 불행으로 이끄는 성공

제가 존경하는 농구계의 전설적인 코치 존 우든(John Robert Wooden)은 성공을 이렇게 정의합니다.

"성공이란 자신이 할 수 있는 선에서 가장 훌륭한 사람이 되기 위해 나름대로 최선을 다했다고 인식하고, 그것에 만족함으로써 마음의 평화를 얻는 것이다."

이러한 의미의 성공 체험이라면 자기존재감을 가질 수 있습니다. 하지만 많은 책에서 이야기하는 성공 체험은 인지적인 결과를 추구하여 얻은 돈이나 지위를 뜻합니다.

존 우든이 정의한 성공은 내가 가지고 있는 것, 특히 스스로 조절할 수 있는 것이라는 점이 매우 감명 깊었습니다.

그는 미국의 NCAA(전미대학체육협회) 디비전 1(Div.1)에서 UCLA 브루인스 코치로 대회에서 10번의 우승을 이끈 교육자

이기도 합니다.

특히 '성공의 피라미드'라는 개념을 주장했는데, 15개의 주요 블록과 10개의 모르타르 구조로 배열되어 있으며 성공에 필요한 요소를 정리한 것입니다.

전부 소개하지는 못하지만, 이 책의 주제인 자기존재감을 기르는 데 필요한 개념으로 제가 좋아하는 10가지를 소개합니다.

근면, 협동, 열정, 자제심, 정직, 평정, 성실, 투지, 인내, 신념입니다. 이는 모두 나의 내면에 존재하는 가치로 누군가에게 평가받지 않으며 타인과 비교하지도 않는 개념입니다. 우든이 말한 진정한 의미의 성공을 위해서는 이 중에서 내가 할 수 있는 것을 발견하고 그것을 갈고닦으면 됩니다.

여기에서 핵심은 결과 지향적인 성공 체험이 아니라, 나의 양식이 되고 자기존재감을 기르는 데 도움이 되는 것을 하나씩 실천해보는 것입니다.

아주 완벽할 필요는 없습니다. 10가지 중 단 하나라도 가지고 있다면, 그것이 자기존재감의 씨앗이 되어 당신만의 버팀목으로 자랄 것입니다.

이 씨앗은 우리 안에 하나쯤은 존재하며, 사람이라면 누구나 자기존재감의 원천으로 지니고 있습니다.

나를 들여다보는 일에는 소홀하면서 남이 이룬 결과를 부러워하고 비교하며 자기긍정감을 좇는 행동은 출구 없는 미로에 갇혀 헤매는 것과 같습니다.

자신의 마음을 들여다보면 남들과 비교하지 않고도
누구나 나만의 씨앗을 발견할 수 있습니다.

바로 그 씨앗이 자기존재감입니다.

남에게 신경 쓰는
24시간

인지적인 뇌는 존경의 욕구를 가장 중요하게 생각합니다. 우리는 남에게 인정받고 존경받음으로써 자기긍정감을 얻으려 애씁니다. 말 그대로 '이러다 죽겠다'라고 고통스러워하면서까지 말입니다.

왜일까요?

존경의 욕구는 끝이 없기 때문입니다. 마치 개미지옥에 빠진 것처럼 끊임없이 타인의 존경을 바라고 채우려 합니다.

예를 들어 SNS에서 1천 개의 '좋아요'를 받고 나면 나중에는 3천 개의 '좋아요'를 받고 싶어집니다. 한 번 칭찬받으면 더 많은 칭찬을 받고 싶어지지요. 인지적인 뇌가 남과 비교해 아직 부족하다고 생각하기 때문입니다. 이러한 욕망 때문에 언제나 불만족스러운 것입니다.

존경의 욕구는 타인에게 의존하는 사고방식입니다. 자기긍정감을 유지하거나 기르기 위해 타인을 계속 신경 쓰고, 인정받고 존경받으며 살고 싶어 합니다.

우리는 대체 어디까지 인정받아야 마음이 놓일까요?
남들에게 칭찬받지 못하면 어떻게 할 건가요?

남에게 의존하고, 남에게 존경받길 바라는 마음이 있는 한 자기긍정감을 향한 집착은 끝이 없습니다.

나는 진짜 나로
살아가고 있는가?

이렇듯 존경의 욕구로 채워지는 자기긍정감은 언젠가 자기현시욕으로 바뀔 위험이 항상 도사리고 있기에 불안함을 느끼게 합니다.

자기현시욕은 남의 존경과 인정을 받고 싶은 나머지, 자신을 실제보다 훨씬 더 나은 사람으로 보여지기 위해 행동하는 것입니다. 이러한 현상은 SNS에서 서로 잘 모르는 사람들이 주고받는 대화에서 쉽게 볼 수 있습니다. 이 밖에도 부자연스러울 정도로 본인을 치켜세우고, 남에게 자신을 존경하도록 강요하기도 합니다.

이렇게 만들어진 자기긍정감은 불안정한 것을 넘어서 매우 위험합니다.

우리 주변에서도 이러한 유형을 많이 볼 수 있는데, 최근

SNS의 발달로 그 수가 더욱 증가했습니다.

이들은 불특정 다수의 사람에게까지 자신을 속이고
좋은 모습만 보여주려고 애쓰는 경향을 보입니다.
이것은 꾸며진 가짜 인생입니다.

언젠가는 꾸며진 모습을 연기하는 데 지친 나머지 살아가는
것조차 피곤하다고 생각할 위험이 있습니다.

'지금 나에게 있는 것'을
찾으세요

영원히 채워지지 않는 존경의 욕구, 타인에게 의존하는 불안정한 자기긍정감, 무리한 자기현시욕이라는 개미지옥의 미로에서 빠져나올 수 있는 열쇠는 '자기존재감'입니다.

나라는 존재 자체에 몰입하면 타인에게 의존할 필요 없습니다. 남의 존경을 받거나 남이 나를 인정하는 일에 집착하지 않으므로 나를 과대 포장할 필요도 없습니다.

'지금 나에게 있는 것' 자체가 살아가는 에너지의 원천이 됩니다. 이것은 내가 이미 가지고 있는 것이므로 쉽게 발견할 수 있습니다. 그러니 남의 기준으로 자신을 평가하여 긍정하거나 가치를 매길 필요 없습니다.

그런데도 우리는 자기 존재의 가치를 찾는 것을 어려워합니다. 지금까지 인지적으로 진화하고 교육받은 탓에 동기부여가 될 만한 것을 외부에서 찾기 때문입니다. 이미 내 안에 '존재하는 것'을 발견하는 '뇌의 능력'이 떨어진 것이 문제의 원인입니다.

하지만 조금만 관점을 달리하면 누구나 발견할 수 있습니다.

앞서 이야기했듯이 굳이 나를 찾는 여행을 떠날 필요도 없습니다.

지금 여기에 내가 존재한다는 사실을 깨닫고
'없는 것을 찾는 것'이 아니라
'있는 것을 발견'하기만 하면 됩니다.

아주 간단한 일입니다. 자세한 내용은 '4장'에서 좀 더 설명하겠습니다.

내가 아닌 것이
나라는 착각

자기긍정감에는 '다수결은 옳다'라는 고정관념이 깔려 있기 때문에 그 반대인 소수에 속해 있으면 틀림없이 자기긍정감은 낮아질 수밖에 없습니다.

인지적인 뇌는 다수결로 정답을 찾으려는, 다수가 정의라고 믿는 사고방식입니다. 인지적인 사회에서는 어쩔 수 없는 현상이기도 하지요.

최근 코로나 위기 상황에서 '또래압력'이라는 말이 다시 유행하고 있습니다. 이는 소수 의견을 낸 사람이 다수 의견에 맞춰야 한다고 암묵적으로 강요하는 것을 말합니다. 영어로는 피어 프레셔(peer pressure)라고 하는데, 일본은 특히 이러한 분위기가 강한 나라로 알려져 있습니다.

당신은 자신의 의견이 소수에 속하더라도 당당하게 말하거나 혼자만 다른 행동을 할 수 있나요?

쉽지 않을 것입니다.

일본 사회는 '힘이 센 사람에게 굴복하라'는 속담이 있을 정도로 다수의 의견이 정의가 되기 쉬운 사회라는 점은 부정할 수 없습니다.

이러한 사회에서 살다 보면 아무래도 자기긍정감을 추구하는 경우가 많습니다. 무의식적으로 다수가 정의인 사회에 맞춰 자기긍정감을 높이려다 보니 자기모순에 빠져 고통스러운 것입니다.

이러한 모순된 사회에서 노력하고 살아남아야 '진짜 나'라고 착각합니다. 그러면 진짜 나와 사회적인 나 사이에 생긴 모순으로 괴로워하면서도 이 고통마저 자기긍정감이라고 믿게 됩니다.

그러니 얼마나 고통스러운 삶일까요?

우리 모두는
마이너리티

자기긍정감과 달리 자신을 소중하게 여기는 사고가 '자기존재감'입니다. 자기존재감이 강한 사람은 다수에 지배받거나 또래압력에 굴하는 일도 없습니다.

저는 소수집단에 소속된 사람의 자기 존재 가치를 더욱 빛나게 해주는 카피라이터로, 세계유루스포츠협회 대표이사인 사와다 도모히로(澤田智洋)의 생각에 깊은 감명을 받았습니다.

'유루 스포츠'는 '운동치'라는 뜻의 마이너리티(minority, 소수집단)에서 탄생했습니다. 그는 시각장애가 있는 아들이 태어나고 '장애'라는 소수집단의 존재를 알게 되었다고 합니다. 아들의 장애를 계기로 '약점을 살리는 사회 만들기'를 목표로 '마이너리티 디자인'이라는 새로운 이슈를 세상에 던졌습니다.

사와다 씨가 이야기한 '마이너리티에서 출발한 훨씬 좋은 세상 만들기'야말로 소수집단을 위한 자기존재감 디자인의 의미라고 생각합니다.

우리 사회에는 많은 마이너리티가 존재합니다. 그러니 다수의 정의에 휩쓸리지 않아도 됩니다.

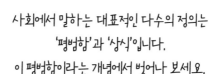

사회에서 말하는 대표적인 다수의 정의는
'평범함'과 '상식'입니다.
이 평범함이라는 개념에서 벗어나 보세요.

인지적인 뇌를 토대로 만든 여러 평가 지표에서는 평범함과 상식에서 벗어난 자유로운 생각, 즉 소수의 정의라고 할 수 있는 의견과 생각이 나오기 어렵습니다.

알고 보면 우리 사회는 한 사람 한 사람의 '나'라는 보편적인 소수들이 모여 이루어진 집단입니다.

다시 말하면 당신도 나도, 우리 모두는 마이너리티입니다.

그러니 지금이라도 '나'라는 마이너리티에 주목하고 그 존재 가치에 눈을 뜨는 것이 다수가 정의인 세상에서 남에게 휘둘리지 않는 나만의 인생을 디자인하는 방법입니다.

'타인의 눈', '기대'라는 감옥

이처럼 자기긍정감은 인지적인 뇌의 영향을 많이 받았다는 사실을 알 수 있습니다. 자기긍정감이 타인과 비교나 평가, 소문, 기대를 토대로 만들어졌기 때문입니다. 하지만 '타인의 눈'이라는 감옥에서 자기긍정감을 찾아서는 안 됩니다. 이런 방법만 추구한다면 우리는 평생 괴로운 인생을 살아야 할 것입니다.

인지적인 뇌는 어떤 임의의 시스템을 대입했을 때, 나와 타인을 모두 만족시키는 결과를 '기대'하는 사고 구조입니다.

'사회는 기대로 가득 차 있다'고 해도 과언이 아닙니다. 예를 들어 내가 타인에게 바라는 기대, 사회나 타인이 나에게 바라는 기대가 있습니다.

'기대'는 결과에 집착하고 나하고는 전혀 관계없는 틀을 무리해서 나에게 대입하려는 생각입니다. 여기에 한 번 집착하면 자기긍정감을 기르는 일만 의식하고 '기대를 저버리지 말아야지'라는 강박관념에 시달려 고통받습니다. 이렇게 되면 결국 자기긍정감을 기르지 못하는 구조가 만들어집니다.

**타인이나 외부 환경이 멋대로 만든 기준이므로,
원래의 나와 영원히 좁혀지지 않는 격차가 발생합니다.**

이렇게 남들이 기대하는 결과와 타인에게 의존하는 상황이 반복되면 자기긍정감을 기를 수 없습니다.

타인이 만든 드라마 속에
존재하는 '나'

'기대'라는 감옥에서 살다 보면 자기긍정감이 생길 틈이 없습니다. 이러한 감옥에서 나를 긍정하려는 생각을 그만둬야 합니다. 그보다는 이러한 위험이 없는 나의 내면에 있는 것을 토대로 자기존재감을 기르는 것이 훨씬 좋습니다.

남이 만든 규칙에 맞춰 자기긍정감을 유지하며 사는 것만큼 괴로운 인생은 없습니다. 다른 사람의 시선을 신경 쓰다 보면, 결국 나의 인생이 아닌 남의 인생을 살게 됩니다.

이것은 진짜 나를 배신하고, 거짓된 나를 연기하며 사는 것입니다.

사람들은 자기 기준으로 만든 프레임을 남에게 씌우는 것을 좋아합니다. 그런데 여기에 계속 휘둘리면 고통 속에 살아가게 됩니다. 이것은 진짜 내 인생이 아니라, 남이 만든 드라마를 연기하는 것일 뿐입니다. 그만큼 자기긍정감을 항상 유지하는 일은 쉽지 않습니다.

이렇게 해서 생긴 자기긍정감은 거짓입니다. 머지않아 가면이 벗겨져 땅에 떨어지는 순간, 껍데기만 남은 초라한 내 모습을 마주하게 될 것입니다.

누군가의 기준에 맞춰 사는 일도 힘들지만, 막상 여기에서 벗어나도 이미 살아갈 에너지를 다 써버려 괴롭기는 마찬가지입니다.

남이 정해준 기준 대신
나만이 '가지고 있는 것'에 눈을 돌리고
꾸밈없이 솔직하게 자기존재감의 에너지를
자양분으로 삼고 사는 것이 진정한 행복입니다.

이러한 인생을 사는 당신의 모습은 누가 봐도 훌륭하고 멋질 것입니다. '자기긍정감보다 자기존재감이 중요하다'고 강조하는 이유가 바로 여기에 있습니다.

뷰카의 세상에서
살아가기 위한 것

이제라도 우리의 고정관념인 '자기긍정감 지상주의'에서 벗어나야 합니다. 바로 지금이 자기긍정감이라는 사회의 학대에서 탈출할 때입니다.

앞에서도 말했듯이 나를 긍정하는 일은 뇌의 인지적인 부분을 과도하게 사용하기 마련이어서 점점 자기긍정감이 본래의 의미를 잃어갑니다.

외부 환경, 결과, 타인 등에 의존하기 쉬운 인지적인 뇌와는 다른 사고방식을 활용하면 '자기존재감'을 발견할 수 있습니다. 이는 다가올 뷰카(VUCA, Volatility변동성, Uncertainty불확실성, Complexity복잡성, Ambiguity모호성) 시대에 자발적으로 강하고 유연하게 살아가는 데 필수 능력 중 하나입니다.

외부 환경이 불안정해질수록 점점
외부 환경에 의존하거나 결과에 집착하고,
타인과 비교하거나 타인의 정보에 휘둘리는 사람이라면
자기긍정감을 기를 수 없습니다.

환경이 불안정하다는 의미는 변화의 속도가 빠른 만큼 쉽게 흔들린다는 뜻입니다.

오늘날처럼 빠르게 변하는 시대에는 '자기존재감'이 있어야 남에게 의존하지 않고 단단한 삶을 살 수 있습니다.

우리 모두는
조커처럼 살고 있습니다

지금까지 '자기긍정감에 대한 집착이 다양한 사회문제의 원인'이라는 이야기를 했습니다. 특히 우열이나 상하를 나누는 발상이 정신적인 격차를 만듭니다.

하지만 이 문제를 자기 일이라고 느끼는 사람은 많지 않을 것입니다.

토드 필립스(Todd Phillips) 감독의 영화 〈조커(JOKER)〉의 주인공 아서는 '항상 웃는 얼굴로 사람들을 즐겁게 해주어라'는 어머니의 말씀을 늘 가슴에 새기며 코미디언의 꿈을 품고 살아갑니다. 아서는 외롭지만 마음만은 상냥한 인물입니다. 그는 도시의 후미진 곳에서 피에로 분장을 하고 길거리 공연을 하며 번 돈으로 먹고삽니다.

그런 아서는 어머니를 도와주는 같은 아파트에 사는 소피를

몰래 좋아합니다. 항상 웃으며 살다 보면 언젠가 행복해질 거라고 굳게 믿으며 힘든 삶을 극복하기 위해 노력했던 그가 왜 미치광이이자 악의 화신인 조커로 변했을까요?

바로 자기긍정감 지상주의 사회에서
사회적인 격차로 생긴 열등감 때문입니다.

어떤 사람이 자기긍정감을 얻고 타인보다 자신이 우월한 사회를 만들기 위해 뇌를 인지적으로 활용한다고 합시다. 그러면 상대적으로 열등감을 느끼는 사람들이 점점 늘어나게 됩니다. 그들은 타인에게 인정받지 못하고 부정당한 사람들입니다. 이러한 부정적인 에너지는 때때로 사람을 악인으로 만들기도 합니다. 영화는 사회를 향한 원한의 감정이 쌓이고 쌓이다 보면 그 사회를 무너뜨리는 행동을 할 수 있다는 위험성을 알려줍니다.

처음 이 영화를 보았을 때는 많이 우울했습니다. 나와는 딴 세상 사람의 이야기라는 느낌을 받았지만, 영화의 본질을 곱씹어보니 나는 물론 누구에게나 일어날 법한 열등감의 무서움을 이야기한다는 것을 깨달았습니다.

자기긍정감은 언제나 똑같이 유지할 수 없습니다. 저뿐만 아니라 누구나 본인이 속한 집단의 화제가 바뀌거나, 세상이 조금만 달라져도 자기긍정감을 잃을 위험이 있습니다.

이처럼 급변하는 사회에서 살다 보면 자기도 모르게 자기부정감과 자기열등감이 생깁니다. 영화는 이 감정 때문에 사람이 피폐해지면 그 사람이 흉기로 변할 수 있다는 것을 보여줍니다.

조커를 연기한 호아킨 피닉스가 아카데미상 남우주연상 수상식에서 한 연설이 화제가 되었습니다. 그 연설의 일부분을 소개하겠습니다.

"여러분, 모두 어떠신가요? 네, 좋습니다. 지금 너무나도 감사한 마음에 가슴이 벅차오릅니다. 이 상은 제가 받았지만, 여기에 계시는 후보자들과 이곳에 있는 모든 분들보다 제가 더 낫다고 생각하지 않습니다. 왜냐하면 우리 모두 영화를 사랑하는 마음을 가진 사람들이기 때문이죠. 연기라는 형태의 표현 덕분에 저는 행복한 삶을 살 수 있었습니다. 만약 연기가 없었다면 제가 과연 어떠한 삶을 살았을지는 감히 알 수 없습니다.

연기가 저는 물론, 지금 여기에 계시는 여러분들 모두에게 드리는 가장 큰 선물은 본인의 목소리를 내지 못하는 사람들을 위해 사용할 기회가 있다는 것입니다.

최근 저는 현재 우리가 직면하고 있는 많은 비참한 문제에 대해 생각해보았습니다. 이제 우리는 다양한 여러 문제를 진지하게 생각해야 할 때라고 생각합니다.

　서로 다른 듯한 이러한 문제들에는 공통점이 있습니다. 성불평등이나 인종차별, 원주민의 권리나 동물의 권리 등, 이 모든 것은 결국 불의에 맞서 싸우고 있다는 사실입니다. 이는 우리가 하나의 국가, 하나의 국민(집단), 하나의 인종, 하나의 성, 그리고 하나의 종(種)이 다른 것을 지배하고 조종하며 이용하고 착취할 권리가 있다는 믿음에 저항하는 싸움입니다.

　제가 열일곱 살 무렵에 형은 다음과 같은 가사를 썼습니다. '사랑을 좇으면 평화가 그 뒤를 따를 것이다.' 대단히 감사합니다.”

　〈조커〉에서 표현한 세상은 특별하지 않습니다. 호아킨의 실제 생활뿐만 아니라, 지구상에 존재하는 사회 어딘가에서 비슷한 일이 일어나고 있을지 모릅니다.

자기긍정감 지상주의로 인해 격차가 생긴 사회에서는
마음의 평화를 얻을 수 없습니다.

　이어서 또 하나의 인상적인 영화를 소개하겠습니다.

2019년 봉준호 감독의 영화 〈기생충(PARASITE)〉입니다. 2020년 아카데미 시상식에서 아시아 최초로 감독상과 작품상을 동시에 수상하는 쾌거를 올린 한국 영화입니다.

영화의 등장인물은 모두 실업자로 나옵니다. 그중 하루하루 살길이 막막한 김씨 일가의 장남 기우는 IT 기업의 CEO로 엄청난 부자인 박 사장네의 가정교사 면접을 보러 가게 됩니다. 오빠에 이어 여동생인 기정도 미술치료사로 위장하고 그 집에 들어가게 됩니다. 상반된 두 가족의 만남은 이제껏 누구도 본 적 없는 상상을 뛰어넘는 희극과 비극을 더욱 가속화합니다. 영화의 후반부에서는 〈조커〉처럼 생각지도 못한 사건이 발생합니다.

남부러울 것 하나 없는 가족에게 왜 그러한 비극이 생겼을까요? 사회적 격차, 즉 기생충은 표면적인 문제에 불과하고 사실 근본적인 문제는 이러한 불평등에 숨은 열등감이라는 자기부정감 때문이 아닐까요?

한국은 상하 격차가 극심한 사회로, 자기긍정감을 학력 등의 인지적 평가로 유지하는 경향이 강하며 심지어 그것이 남은 인생을 결정짓습니다. 이러한 분위기 속에서 사회가 자기긍정감을 계속 강요하면, 상하 관계가 엄격한 조직과 질서가 탄생합니다. 이에 많은 사람들이 자기열등감이나 자기부정감을 마음속에 묻어놓은 채 살아가고 있습니다.

이 부정적인 감정에는 선량한 사람도 살인을 저지를 수 있는 위험성이 숨어 있습니다.

인지적으로 만들어진 자기긍정감이 지배하는 세계는 우리 주변에도 존재합니다. 두 영화는 자기긍정감 지상주의 사회에서 격차와 열등감이 문제를 일으킬 수 있다는 것을 보여줍니다.

반면 자기존재감의 토대는 생명과 사랑입니다.

생명과 사랑은 모든 이에게 있지만, 인지적 세계에 있으면 까맣게 잊어버리기 쉽습니다. 하지만 이 2가지를 가지고 있다는 것은 우리가 살아 있다는 증거이기도 합니다.

다음 장에서는 자기존재감의 장점과 자기존재감을 발견하는 방법을 설명하겠습니다.

나답게,
행복하게

긍정 지상주의, 즉 '부정하는 것은 옳지 않다', '반드시 긍정해야 한다'와 같은 고정관념은 마치 긍정을 맹신하는 신앙 세계와 닮아 있습니다. 하지만 나의 모든 모습을 긍정하고, 긍정적으로 생각하는 것은 애초에 불가능하며 자연스러운 일이 아닙니다. 이를 알면서도 억지로 덮어놓고 믿고자 하는 마음 때문에 결과적으로 고통받는 것입니다.

나보다 실력이 뛰어난 사람들 속에서 나를 긍정하는 일은 쉽지 않습니다. 마찬가지로 내가 '좋지 않다'고 인식하고 있는 상황을 '좋다'고 긍정적으로 생각하는 것 또한 어렵습니다.

인지적인 뇌는 의미를 부여하는 역할을 합니다. 특히 부정하거나 부정적인 의미를 부여하는 시스템입니다.

예를 들어 어떤 일을 부정하면, 일단 그 문제를 어떻게 해결

해야 할지 고민한 후, 해결하기 어렵다는 부정적인 의미를 부여합니다. 이렇게 부정적인 의미를 부여한 후, 이를 해결하려고 움직이는 것을 원동력으로 삼아 무엇을 하면 좋은지 생각하고 실행하는 구조입니다.

애초에 '인간도 원시적으로 동물에 가까웠을 시절에는 사자를 보면 위험을 인지하고 살려고 도망간다', '하릴없이 노는 모습을 부정적으로 보기 때문에 일한다'는 사고 시스템은 문명이 진화한 지금도 남아 있으며 일종의 위기관리 능력입니다.

우리는 항상 부정적이고, 부정하는 세상에 살고 있습니다. 심지어 '그러면 안 된다'라든가 '좋지 않다'는 의미를 부여하며 부정적인 생각과 부정적인 상황 그 자체를 부정합니다.

매사를 이런 식으로 생각하면 나답게 행복한 인생을 살 수 없습니다.

그래서 우리는 대부분 '사회의 다수가 옳다'고 여기는 것이나, '항상 긍정적으로 생각해야 한다'며 인지적인 사고방식으로 문제를 해결하려 합니다.

그러나 인지적인 뇌를 활용하여 일일이 의미를 부여하면서 현재 상황을 극복하는 데 한계가 있습니다. 어떤 상황이 발생했을 때 우리 인간의 뇌가 구조적으로 그 상황을 부정하거나 부정적으로 인식한다는 것을 인정하고 하나하나 의미를 부여하는 것에서 벗어나야 합니다.

있는 그대로의 내 감정을 받아들이며 사는 것이 필요합니다.
이 방법을 주도하는 것은 뇌의 비인지적 활동입니다.

우리는 누구나 뇌를 비인지적으로 활용할 수 있지만, 그것을
까맣게 잊은 채 인지적으로 활용하며 괴로워하고 있습니다. 특
히 가정교육, 학교교육, 그리고 사회교육 등에서는 비인지적
사고를 경시하고 인지적인 교육의 지배를 받고 있습니다. 그래
서 더욱이 이 책에서는 비인지적인 사고를 기르고 내면에 있는
자기존재감을 발견하는 방법을 추천합니다.

앞으로 다가올 미래는 자기긍정감 지상주의에서 벗어나 비
인지적인 뇌를 활용한 자기존재감의 시대가 될 것입니다.

이 방법은 사회가 원하는 다양성과 포용성, 심리적 안정성,
그리고 SDGs(지속 가능한 발전 목표)가 가능한 세상을 만드는 일
로 이어집니다.

나라는 존재의
깨달음

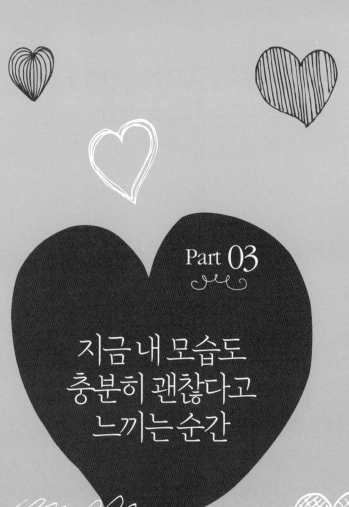

Part 03

지금 내 모습도
충분히 괜찮다고
느끼는 순간

우리는 왜 자기존재감을
느끼지 못할까?

2010년 3월에 나온 문부과학성의 《학생지도제요(生徒指導提要)》에 따르면, 초등학생 개개인의 관리 능력을 기르는 교육을 담당하는 곳에서 꼭 해야 하는 3가지를 다음과 같이 정리합니다.

1. 초등학생의 자기존재감을 북돋워줄 것
2. 서로 공감하는 인간관계를 만들 것
3. 스스로 결정할 기회를 주고, 자신의 가능성을 스스로 개발할 기회를
   마련해줄 것

3가지 능력 중 맨 첫 부분에 자기존재감이라는 말이 나옵니다. 그만큼 아이들에게 자기존재감은 인생을 살아가는 데 꼭 필요합니다.

물론 어른에게도 예외는 아닙니다. 자기존재감은 우리가 살아가는 데 필요한 내면의 에너지입니다. 자기존재감에는 나를 '긍정한다'라는 평가가 없으며, 그보다는 존재 자체를 느끼면 됩니다.

존재는 이미 내 안에 있는 것입니다.

자기존재감은 특별히 긍정적으로 생각하지 않아도 되며 아이들이 자기 내면에 '있는 것'을 느낄 수 있으면 충분합니다.

오늘날 자기존재감보다 자기긍정감이라는 말이 익숙한 이유는 인지적인 뇌와 이러한 사고방식으로 탄생한 인지적인 사회에서는 긍정감이라는 말이 훨씬 듣기 좋고 편안하다고 느끼기 때문입니다. 사회가 계속 자기긍정감을 강요하는 이유는 그 반대인 부정감이라는 말에 대한 안 좋은 이미지 때문입니다. 하지만 긍정이든 부정이든 인지적인 뇌가 판단하고 평가한 것에 불과합니다.

학교에서 배우는 것은 대부분 옳고 그름과 좋고 나쁨을 판단하는 것입니다. 우리는 자기도 모르게 평가받는 사회에 살고 있습니다. 부정적인 사회일수록 '긍정해야만 한다'는 자기긍정 지상주의를 조장합니다.

무한긍정이
자존감을 떨어뜨린다

인지적인 교육을 받으며 인지적인 사회에서 살고 있는 우리는 자신이 자기긍정감의 굴레에 빠져 있다는 사실을 알지 못합니다. 이것은 바닷속에 있는 물고기가 물의 존재를 알아차리지 못하는 것과 비슷합니다. 특히 자기부정은 잘못된 것이므로 반드시 자기긍정을 해야 한다는 식의 인지적인 판단에 사로잡혀 있습니다.

그렇다면 '자기긍정의 원래 의미를 떠올려보는 것은 어떨까요?' 이것이 제가 강조하고 싶은 이 책의 주제입니다.

자기긍정은 있는 그대로의 나를 받아들이고 긍정하는 것을 중요하게 생각합니다. 하지만 무한 긍정을 위해 인지적인 사고가 무의식적으로 작용하는 바람에 부정적으로 생각하면 안 된다는 고정관념과 함께 반드시 성공 체험을 해야 한다는 강박관념이 생깁니다.

　나를 긍정하는 일도 일종의 평가이므로 인지적인 뇌는 이 긍정감을 계속 길러야 한다고 생각하고 긍정감을 기르는 것에 집착합니다. 그러면 점점 괴로워지고 자기긍정감의 원래 의미와 더욱 멀어집니다. 오늘날의 일본은 이러한 위험에 특히 노출되어 있습니다.

　따라서 이 같은 위험이 도사리는 자기긍정감을 향상하는 데 집중하는 교육 대신, 기본적인 자기 관리 교육의 하나로 개개인이 자연스럽게 자신의 인생을 사랑하며 살 수 있도록 도와주는 자기존재감의 중요성을 깨닫는 교육이 필요합니다.

나는 하루 중 내 생각을
얼마나 할까?

자기존재감은 원래부터 있는 것이기에 굳이 존재 자체를 긍정할 필요 없습니다. 그저 있다는 사실을 깨닫기만 하면 됩니다.

우리 모두 자기존재감을 이미 갖고 있습니다. 따라서 애써 긍정하기보다 나의 존재에 주목하면 인생을 굳건히 살아갈 힘이 생깁니다.

흔히 긍정의 반대말은 부정이라고 하는데, 애초에 존재의 반대말은 없습니다.

나는 이미 존재하는 것이므로
긍정해야 한다는 강박감을 느낄 필요 없습니다.

우리 인간은 원래부터 나라는 생명을 가진 존재입니다. 생명에 우열은 존재하지 않으며, 우리 모두는 똑같이 살아 있는 존재입니다. 따라서 가치 평가를 할 필요 없습니다. 그러니 나에게 생명이 '있다'는 사실을 실감하면, 타인과 비교하지 않아도 자기존재감을 가질 수 있습니다.

바로 이것이 저의 인생을 바꾼 〈패치 아담스〉의 핵심 주제인 '나를 사랑하는 것(I love me)'입니다.

'나를 발견한다는 것'의
과학적 의미

먼저 내 안에 있는 '나'를 발견해봅시다. 나의 '존재'를 발견하고 느끼면, 우리의 마음도 인생도 분명 윤택해질 것입니다.

우리는 생명이 있는 존재로서 다양한 모습으로 살아가고 있습니다.

나라는 사람은 다양한 것으로 구성되어 있습니다. 예를 들어 이름, 성, 성별, 피부색, 얼굴 생김새, 태어났을 때의 체중, 태어난 집의 환경, 교육, 성격, 용모, 학력, 수입, 직업 등 셀 수 없이 많습니다.

그런데 오늘날에는 이것이 비교나 평가의 대상, 긍정과 부정의 대상이 되었습니다.

특히 '자기긍정감을 길러야 한다'는 생각에 사로잡혀 무엇이든 평가하고 비교하려 합니다. 그런데 나를 구성하는 외적인 요소를 전부 긍정할 수 있을까요?

이것은 현실적으로 불가능합니다. 나라는 존재를 외부의 평가 기준에 하나하나 맞춰가며 긍정할 수는 없습니다.

'긍정'해야 한다는 인지적인 관점에서 벗어나 누구에게나 있는 '존재'에 눈을 돌리고 앞으로의 인생은 나라는 존재에 집중해주길 바랍니다.

'나를 보는 것'은 나만 좋으면 괜찮다는
자기중심적인 의미가 아니라,
나를 소중히 여기는 것을 말합니다.

나를 오롯이 바라봄으로써 내가 누구인지 알게 되면 나의 존재를 깨달을 수 있으며, 이 깨달음이 자기존재감의 싹으로 자랄 것입니다.

'렛잇비'와 '렛잇고'라는
마음가짐으로 살기

이 책이 여러분에게 들려주고 싶은 중요한 메시지는 '인지적인 뇌의 폭주에서 벗어나 스스로 자기존재감을 깨닫고 자연스럽게 사는 것'입니다.

이와 비슷한 말로 여러분에게 낯익은 말 중에 '렛잇비(let it be)'와 '렛잇고(let it go)'가 있습니다. 각각 비틀스의 노래와 영화 〈겨울왕국〉의 OST로 크게 유명해진 말입니다. 둘 다 '있는 그대로'라는 의미가 내포되어 자기존재감을 이해하는 데 중요한 말이지만, 의미가 조금 다릅니다.

우선 '렛잇비'는 '그대로 두세요'라든가, '순리대로'라는 의미가 있습니다.

비틀스의 노래 '렛잇비'의 가사는 작곡자 폴 매카트니가 어느 날 어려움에 빠졌을 때, 어머니 메리 매카트니가 '되는 대로 해라'라는 조언을 해주었다는 내용입니다. 저의 해석으로는 'it'은 외부 환경이나 상황 등을 가리키고, 그 상황에서 억지로 벗어나려 하지 말고 있는 그대로 받아들이자는 내용이라고 생각합니다.

'it'을 외부 환경으로 볼지, 아니면 나 자신으로 볼지에 따라 해석이 달라집니다.

인지적으로 생각하면 'it'은 외부 환경을 의미하고, 비인지적으로 생각하면 'it'은 '나'를 의미합니다.

'it'을 나라고 가정한다면, '렛잇비'는 자기존재감에서 강조하는 '있는 그대로'라는 의미와 비슷합니다.

내 안에 어떤 'it'이 있는지는 상관없습니다.
그저 '있는 것만으로'도 충분하다는 의미입니다.

나라는 존재 자체만으로도 소중하다는 의미에서 저는 '렛잇비'를 추천합니다.

'렛잇고'는 영화 〈겨울왕국〉의 OST 제목입니다. 무슨 의미인지 한번 생각해봅시다. 'let it go'는 'it을 let go 한다', 즉 'it이 가리키는 무언가를 그만두거나 해방한다'는 의미입니다.

〈겨울왕국〉에서 엘사는 눈과 얼음을 다루는 마법 능력이 사랑하는 사람을 해칠 수도 있다는 생각에 괴로워했으며, 부모님의 권유로 그 능력을 계속 봉인하고 비밀로 간직했습니다. 그 때문에 스스로 껍질을 만들고 그 속에 갇혀 살았습니다.

이후 이러한 속박에서 벗어나 그 능력은 물론, 있는 그대로의 나를 받아들이기로 마음먹었을 때 부르는 노래가 바로 '렛잇고'입니다. 이때는 '자신을 속박하고 있던 모든 it을 해방한다'는 의미입니다. 여기에서 it은 외부 환경 외에 자신을 가둔 '고정관념'이나 '감정'을 말합니다.

따라서 자기존재감의 키워드인 '있는 그대로'는 '렛잇비' 쪽이 훨씬 맞는 듯합니다.

나를 있는 그대로 받아들이고 자기존재감을 기르려고 할 때는 '렛잇비'가 중요합니다.

한편 다양한 인지적인 고정관념에서 탈출하여 자기존재감을 발견하고자 한다면 '렛잇고'도 중요합니다.

어떤 의미이든 간에 'it'을 어떻게 받아들이는지가 관건입니다. 둘 다 '나'와 관련 있는 말이라면 '있는 그대로'라는 의미는 자기존재감이라는 뜻이 됩니다.

　자기긍정감에서 벗어나 자기존재감을 기르려면 '렛잇비'와 '렛잇고'가 의미하는 교훈을 잊지 말아야 합니다. 이 교훈이야말로 비인지적인 사고입니다. 앞으로 여러분이 자기긍정감 대신 자기존재감을 느낄 수 있다면 좋겠습니다.

우리는 왜
자신감을 키우기 힘들까?

우리는 모두 자신감을 키우고 싶어 합니다. 이 자신감을 얻기 위해 좋은 결과와 성과를 올려야 합니다. 그런데 자신감은 결과와 성과가 쌓여서 만들어지는 것이므로 '결과를 내야 한다'는 고정관념이 생깁니다.

이것이 자신감을 키우기 힘든 이유입니다. 이는 모든 사람들이 자기긍정감을 기르기 위해 성공 체험에만 집착하여 정작 자기긍정감을 갖지 못하는 상황과 비슷합니다.

자신감을 얻는 것이 잘못이라는 뜻이 아니라 중요한 순서가 틀렸다는 의미입니다.

자신감을 키우는 일, 즉 결과를 내는 데 훨씬 중요한 것이 있습니다.

'믿음이 놀라운 일을 만든다'는 말이 있듯이,
우선 '나에 대한 믿음'을 더하는 것부터 시작해야 합니다.

나를 평가하지 말고 내 존재 자체를 믿으면 자기존재감도 생기고 마음도 편안해질 것입니다. 그러면 좋은 결과가 나올 확률도 커집니다.

영어로 '자신감'은 'confidence', '믿는다'는 'believe'라고 구분합니다. 저는 NBA의 먹시 보그스(Muggsy Bogues) 선수가 아이들에게 "나 자신을 믿는 것(believe in myself)이 중요하단다"라고 한 말에 깊은 인상을 받았습니다. 이 선수 외에도 세계적으로 유명한 운동선수들은 훌륭한 말을 많이 남겼습니다.

좋은 결과를 내려면 일단 '나를 믿는 것'이 먼저입니다.

자신감을 가지려면
내 마음부터 보듬어주세요

나를 믿는 데는 특별한 이유가 없습니다. 아무 조건 없이 믿는다는 것 자체가 비인지적 사고이며, 연습하면 누구라도 이러한 사고를 할 수 있습니다.

예를 들어 아이에게 '자신감을 가지렴!'이라든가 '너를 믿고 하렴!'이라고 이야기한다고 생각해봅시다. 이 둘은 비슷한 듯하지만 어떤 말을 사용하느냐에 따라 아이의 자기존재감은 달라집니다.

아이는 '자신감을 가지렴'이라는 말을 들었을 때 '결과를 꼭 내야지'라고 생각하기 쉽습니다.

'너를 믿으렴'이라는 말을 들은 아이는
결과나 외부 환경에 휘둘리지 않고
자신을 믿고 자신만의 방식으로 해냅니다.

이 사소한 한마디가 아이에게 미치는 영향은 천지 차이입니다.
이 차이를 깨우치면 '자신감을 가져야 해'라며 초조해하지도
않고, 자기존재감을 발견하고 나의 마음을 보듬어가며 나만의
인생을 살 수 있습니다.

나는 내 운명의 주인,
내 영혼의 선장이다

제가 좋아하는 영화 중에 〈우리가 꿈꾸는 기적 : 인빅터스 (Invictus)〉라는 작품이 있습니다. 인빅터스는 라틴어로 '정복당하지 않는', '굴복하지 않는'이라는 의미입니다. 거장인 클린트 이스트우드 감독이 만든 작품으로, 실존 인물이 이룬 기적적인 일을 영화로 만든 것입니다.

이 영화는 반(反) 아파르트헤이트(Apartheid, 남아프리카공화국의 극단적인 인종차별 정책과 제도) 운동을 펼친 반정부주의자로서 27년이라는 오랜 시간을 감옥에서 지낸 흑인 운동가 넬슨 만델라의 이야기입니다. 그가 남아프리카공화국 대통령이 되고, 럭비라는 스포츠를 통해 주장인 프랑수아 피나르와 함께 자유롭고 평등한 사회의 모습을 남아프리카 국내는 물론 전 세계의 사람들에게 전하는 내용입니다.

이 영화를 관통하는 주제는 미국 시인 윌리엄 어니스트 헨리 (William Ernest Henley)의 〈인빅터스〉에 나오는 "나는 내 운명의 주인, 내 영혼의 선장이다"라는 구절입니다. 이는 만델라가 감옥에 있을 때 마음의 안식처로 삼았던 말이라고 합니다.

'나는 내 영혼의 주인', 즉 나야말로 내 마음의 선장이며
아무도 정복할 수 없는 유일한 존재라는 뜻입니다.

장소, 물건, 행동, 지위 등은 오늘날에도 우리를 구속하는 존재입니다. 안타깝지만 우리는 어떤 장소에 살든 어떤 물건을 소유하든 그리고 어떤 행동을 하고 어떤 지위에 있든 간에 자유롭지 않습니다. 남이 정한 규정과 규칙으로 평가받기 때문입니다.

이런 의미에서 만델라가 어려운 상황에서도 희망으로 삼았던 이 말은 '우리의 모든 인생은 자유롭다'는 가르침을 전합니다.

남과 비교하지 않을 때
자유로워진다

우리에게는 자기존재감의 원천이자 그 어떤 것에도 방해받지 않는 자유로운 '마음'이 있습니다. 설령 만델라처럼 감옥에 갇혀 자유를 전부 빼앗겨버린 상황에서도 자신의 마음만은 자유로울 수 있습니다.

우리 개개인에게는 무엇을 어떻게 느끼고 어떻게 생각했는지, 그 누구도 방해할 수 없는 나만의 자유로운 세상이 있습니다. 이렇게 자유로운 마음은 살아가는 데 필요한 에너지의 원천이라 해도 과언이 아닙니다.

내면에 있는 자유로운 존재를 발견해보는 것은 어떨까요?
나만의 자유로운 마음은 자기존재감이 될 것입니다.

이제까지 여러분은 인지적으로 세상을 바라보고 자유를 얻으려고 노력했을 겁니다. 그런데 오히려 더 괴롭지 않았나요?

누군가와 비교하고 지위나 물건, 돈에 사로잡혀 자유로운 마음을 느낄 새가 없었을 겁니다. 그런데도 여전히 자기긍정감을 추구하고 있습니다.

자기긍정감만 추구하면 진정한 자유를 느끼는 순간이 절대 찾아오지 않습니다. 우리는 태어날 때부터 한 사람 한 사람이 자유로운 존재입니다. 그러니 일부러 자유를 찾는 수고를 할 필요 없습니다.

그저 내면의 자유를 실감하는 순간,
자기존재감은 자연스럽게 태어납니다.

영국 시인의 말이 만델라에게 힘을 주었고, 그 힘이 자기존재감의 정신을 일깨웠습니다.

그의 정신은 프랑수아 피나르와 팀원들에게 전달되어 많은 사람들을 불러 모았습니다. 특히 그들이 럭비 월드컵에서 활약하는 모습은 국민에게 인종을 초월한 감동을 주었습니다.

〈우리가 꿈꾸는 기적 : 인빅터스〉를 보지 못한 사람들도 이 책을 통해 다양한 고정관념에서 벗어나 자유를 깨닫고 소소한 감동을 만끽할 수 있으면 좋겠습니다.

나를 학대하면서까지 나를 긍정할 필요 없다는 사실을 깨달아야 자유로운 마음을 느끼고 나다운 인생을 살 수 있습니다. 이것이 바로 '인지적인 뇌의 지배를 받던 삶에서 비인지적으로 사는 삶'이라는, 자연체에 가까운 삶의 방식으로 가는 길입니다.

나의 가치 기준은
언제 어떻게 만들어질까?

자기존재감은 보편적이고 변함없는 것이므로 나를 긍정하느라 초조함을 느낄 일이 없으며 무엇보다 안정감을 줍니다. 다시 말하면 '흔들리지 않는 나만의 가치 기준'이 되는 것입니다.

따라서 자기존재감을 기르려면 나의 가치 기준에 주목해야 합니다. 이것은 우리 내면에 존재하고 있으며, 내가 살아오면서 경험했던 모든 것과 만났던 모든 사람들과 관계를 맺으면서 느낀 것들로 이루어집니다.

살아 있는 모든 사람들은
자기만의 가치 기준을 가지고 있습니다.

저는 운동을 좋아해서 운동은 인간답게 살아가기 위해, 인간에게 꼭 필요한 활동이라고 생각합니다. 바로 이것이 저만의 가치 기준입니다.

어디서 만들어진 기준일까요?

부모님이 가르쳐주신 걸까요?

아니면 책에서 얻은 지식일까요?

물론 이 모든 것에 영향을 받기도 하지만 이것만이 나의 내면에 있는 인생의 흔들림 없는 토대가 되는 가치 기준은 아닙니다.

실제로 저는 초등학생 때는 검도와 육상을 했고, 중학생부터 대학생까지는 농구를 했으며 그 이후에는 스포츠 닥터, 즉 멘탈 트레이너로서 다양한 운동선수와 만났습니다. 여러 스포츠를 경험하면서 나만이 느낄 수 있는 감정과 가치 기준을 만들었습니다. 이처럼 가치 기준은 그 사람만의 유일무이한 경험과 감정을 토대로 생깁니다.

예를 들어 '해외는 일본과 달리 다양한 매력이 있다'라는 가치 기준이 있다고 합시다. 이러한 기준은 교과서나 책, 영화만으로 얻어진 것이 아닙니다. 그보다는 내가 실제로 해외에서 외국인과 만나 다른 나라 문화를 접했을 때, 비로소 내 안에서 나만의 가치 기준의 싹이 자라납니다. 이렇듯 지식과 가치 기준은 다릅니다.

얼마 전 지인에게 플라멩코라는 춤이 멋지다는 이야기를 들었습니다. 그분은 이 춤이 얼마나 멋진지 열정적으로 설명해주었습니다. 하지만 이것은 지식에 불과할 뿐 제 안에 싹튼 저만의 가치 기준은 아닙니다.

왜냐하면 플라멩코가 얼마나 훌륭한 춤인지를 제가 직접 경험한 것이 아니기 때문입니다.

가치 기준은 '멋지다'라는 긍정적인 평가만으로 이루어지는 것이 아닙니다. 직접 체험하고 내 안에 자리 잡은 부정적인 감정도 부정적인 가치 기준으로서 그 사람만의 개성입니다. 이 또한 내면에 '존재하는' 가치 기준입니다.

가치 기준은 나만의 경험으로 만들어진 유일한 것으로
이것이야말로 자기존재감의 원천입니다.

우리는 모두 나만의 경험과 감정을 가지고 있습니다. 개개인이 구축한 나만의 가치 기준이 있다는 것을 깨닫는다면, 다른 사람과 비교하거나 우열을 가리지 않아도 누구나 내 안에서 자기존재감을 발견할 수 있습니다.

'나'의 인생을 살기가
왜 이렇게 어려운 것일까?

흔들림 없이 나답게 나만의 인생을 살려면 자기존재감을 가지는 것이 중요합니다.

요시노 겐자부로(吉野源三郎)의 소설 《그대들 어떻게 살 것인가》를 만화로 그린 작품이 최근 200만 부 넘는 베스트셀러가 되었습니다. 《그대들 어떻게 살 것인가》는 '코페르'라는 별명으로 불리는 중학교 2학년생 혼다 준이치가 3년 전에 아버지를 잃고, 외삼촌과 일상생활에서 겪은 다양한 문제를 통해 삶을 살아가는 방법을 발견하며 성장한다는 이야기입니다.

외삼촌이 코페르에게 들려주는 말은 어디선가 한 번은 들어본 적이 있을 것입니다. 바로 그의 말에서 자기존재감이 무엇인지 힌트를 찾을 수 있습니다.

"너는 아무것도 생산하지 않지만 커다란 것을 매일 만들고 있단다.
네가 만든 것이 무엇인지는 인간으로서 살아 있는 한
반드시 그 답을 발견해야 한단다."

외삼촌이 말하는 것은 스스로 자기존재감을 가져야 한다는 의미입니다. 특히 어떤 일을 해내고 느낀 자기긍정감이 아니라 생명이 있다는 사실만으로 이미 존재 가치가 있음을 알아야 한다는 뜻입니다. 우리는 태어난 것만으로도 누군가에게 기쁨입니다.

또한 매일 다양한 일을 겪고 느낀 감정은 나만의 독특한 창조물입니다. 내가 창조한 것은 인지적으로 정량화할 수 없습니다. 따뜻한 마음, 감사함, 상냥함 등 정량화할 수 없는 아름다운 것을 매일매일 자기도 모르는 사이에 창조하고 있다는 것, 바로 이것이 살아 있음을 의미합니다.

나보다 실력이 뛰어난 사람과 비교하고 평가하여 나를 긍정하지 말아야 합니다. 남과 비교하지 않아도 살아 있는 한, 우리가 창조할 수 있는 것은 무궁무진합니다. 그것을 느껴봅시다. 이것을 감지할 수 있는 것이 바로 비인지적 능력입니다.

살아 있다는 것을 실감하는 능력은 모든 사람에게 자기존재감의 원천입니다. 이 만화를 보고 많은 사람들이 공감했다는 것은 자기긍정감 지상주의 사회에서 괴로워하는 사람들이 그만큼 많다는 뜻입니다. 어쩌면 만화에서 어떤 힌트를 발견하고자 했던 것은 아닐까요?

저는 이 만화가 인생을 어떻게 살아가야 하는지 고심해보고 자기존재감을 깨닫기 위해 그려진 것은 아닐까 생각했습니다. 그만큼 많은 사람들이 자기존재감 때문에 괴로워하고, 그 굴레에서 벗어나 쉴 곳을 찾아 헤매고 있다는 증거입니다.

생산성을 이야기할 때 빠질 수 없는 것이 회사 경영입니다. 회사가 생산성을 중요하게 여기는 것처럼, 여러분 또한 '나'라는 회사를 경영하고 있는 셈입니다. '나'라는 회사의 사장은 바로 나, 그리고 직원도 나 하나뿐입니다.

그렇다면 사장인 나는 어떤 직원을 좋아하나요?

직원인 나는 어떤 사장이 좋은가요?

어떤 회사라면 사장과 직원 모두 만족할까요?

사회에서 인정받기 위해 생산성을 올려 상장기업이 되고 주가를 올리면 될까요?

너무 일만 하면 사장은 물론 직원과 회사도 힘들지 않을까요?

항상 좋은 실적을 낼 수 있을까요?

계속해서 실적을 올리고 긍정감을 유지하느라 점점 피곤해지고 괴로워질 것입니다.

회사는 언제까지 승승장구할 수 있을까요?

하지만 '나'라는 회사의 가치는 판매 실적 외에도 수치로 매길 수 없는, 매일 내 안에서 새롭게 태어나는 존재에 주목했을 때 올라갑니다.

어쩌면 사장이 암이나 심근경색 같은 병에 걸릴 수도 있습니다. 직원은 판매 압박에 시달리고, 실적을 올리라는 사장의 압력에 괴로워하다 어느새 가족들과도 소원해져 혼자 남게 될지도 모릅니다. 아니면 마음에 병이 들어 우울증에 걸릴 수도 있습니다.

그러면 결국 회사는 망할지 모릅니다.

'나라는 회사를 어떻게 경영할 것인가?'

이것은 '어떤 인생을 살 것인가?'라는 질문과 같습니다.

자기긍정감을 기르는 데 집중하지 말고
자기존재감을 보듬을 줄 아는 삶을 선택해야 합니다.

이것이야말로 직업적으로 만족도가 높고 행복한 인생을 사는 비결이며, 나만이 할 수 있는, '나'라는 회사를 경영하는 방법입니다.

나보다 뛰어난 사람은
너무 많다

우리는 자기긍정감을 기르기 위해 사회적으로 인정하는 능력을 후천적으로 얻으려 합니다. 이 능력을 활용해 물질적인 생산성을 올려서 다른 사람들에게 인정받고 자신감을 얻어 자기긍정감을 기르려고 합니다. 매슬로의 욕구 5단계 이론 중 사회적 욕구와 존경의 욕구가 여기에 해당합니다.

그렇다면 사회적으로 인정받고 존경받으려면 어떻게 해야 할까요?

현대인들의 관심이 바로 여기에 쏠려 있습니다. 학교에서도 인지적인 교육이 주류를 이루고 있다는 것이 바로 그 증거입니다. 교우관계, 동아리 활동, 성적, 시험 등은 모두 사회적 욕구와 존경에서 비롯됩니다.

사회적 욕구와 존경의 욕구를 채우기 위해 후천적인 능력의 하나로 학력을 높이거나 자격증을 따는 등 평생 이러한 기술을 갈고닦는 데 소비합니다.

하지만 이러한 욕구를 채우기 위한 노력은 평생 끝나지 않을 것입니다. 나보다 뛰어난 인재는 이 세상에 차고 넘치기 때문입니다. 그러니 죽을 때까지 만족할 수 없습니다. 스포츠 능력, 예술 능력, 심지어 공부 능력 등등, 다양한 분야에서 훨씬 뛰어나고 재능 있는 사람들이 매우 많습니다.

이러니 자기긍정감을 기르는 데 한계가 있는 것은 당연합니다.

나보다 뛰어난 사람이 많다는 사실을 부정하지 말고,
한계를 받아들이고 다른 관점으로
인생을 살아보는 것은 어떨까요?

바로 이것이 이 책에서 이야기하는 자기존재감을 높이는 사고방식입니다.

나에게 없는 능력보다
내가 이미 가지고 있는 능력을 기른다

비인지적인 관점으로 자기존재감을 가진다는 의미는 자신에게 없던 능력을 갈고닦아 외적인 성과를 올리는 것이 아니라 원래 가지고 '있는 것'을 발견하는 것입니다.

자기존재감은 자기긍정감과 대립하는 것이 아니라 있는 그대로 내 모습을 유지하고 살아가는 데 도움이 됩니다. 존재를 깨닫는다는 것은 이미 내 안에 '있는 것'을 발견하는 것이므로 특별한 평가나 해석이 필요 없습니다.

모든 사람들이 똑같이 가지고 있는 능력이 하나 있습니다. 이것은 누구에게나 있는 선천적 능력입니다. 어딘가에서 따로 배울 필요도 없고 후천적인 능력처럼 남과 비교할 일도 없습니다.

모든 인간들이 선천적으로 가지고 있는 능력은 바로 '사랑의 능력'과 '진화의 능력'입니다.

이 2가지는 성격, 나이, 연봉, 지위, 학력, 환경, 국적에 상관없이 사람이라면 누구나 가지고 있습니다.

표현 방법이나 정도의 차이는 있어도 틀림없이 모두 가지고 있습니다.

이제 막 태어난 아기를 보면 알 수 있습니다. 아기는 아직 어떠한 후천적인 능력도 없지만, 이 2가지 능력은 가지고 있습니다.

우리 모두는 애초에 아기였습니다.
아기는 누군가를 미워하거나 부러워하지 않습니다.
그보다는 하루하루 자연스럽게 커갈 뿐입니다.

우리가 어른이 되면서 이 2가지 능력이 사라지는 이유는 인지적으로 사회적 욕구와 존경의 욕구를 추구하다 보니 후천적 능력을 익히는 데 너무 매몰되어 있기 때문입니다. 결과적으로 인지적인 뇌가 폭주를 일으키고, 우리 마음을 좀먹고, 정신적인 스트레스를 줍니다.

마음이 복잡해지면 원래 자신이 2가지 능력을 가지고 있다는 것조차 잊어버리기 쉽고 실력을 제대로 발휘할 수 없습니다.

자기존재감을 잃고 자기긍정감에만 집착하여 자기부정감과 열등감의 바다에 빠져 허우적거리게 됩니다. 우리를 점점 더 옥죄는 이 악순환으로 마음에 병이 생기는 사람도 많습니다.

이 악순환에서 벗어나려면 자기존재감에 눈뜨고 내 마음을 보듬어야 합니다. 누구에게나 있는 2가지 선천적인 능력을 발견하고, 이를 토대로 자기존재감을 갈고닦으면 마음이 고통받지 않고 안정감을 느낄 수 있습니다. 원래 가진 선천적인 능력에 집중하면 언젠가 좋은 순간이 찾아올 것입니다. 또한 삶의 질을 높이고 나에게 충실한 삶을 살 수 있습니다.

생각의 중심을
나에게 돌리세요

오늘날 널리 퍼져 있는 사회문제는 사람들이 자기긍정감을 기르는 일에 매몰되어 인지적인 뇌가 과잉 작용했기 때문입니다. 자기긍정감을 높이려고 남들과 비교하며 우열을 가리느라 발전의 과정보다 결과에 매달리고 불편함보다는 편리함, 실패보다는 성공만을 추구한 결과입니다.

특히 다양한 격차와 불평등, 환경문제, 질병 문제가 나타나는 것은 확장, 성장, 성공 등을 추구하는 인지적 사고를 고집했기 때문입니다. 이 문제들로 현재 지구와 전 인류가 고통스러워하고 있습니다.

남과 비교하거나 평가에만 집착하는 사회가 아니라, 자기존재감을 중심축으로 가진 개개인이 나를 소중히 여길 줄 알며, 기꺼이 가족과 조직, 사회와 국가를 사랑하고 내면에 있는 생각과 목적을 중요시하는 사회로 바뀐다면, 우리의 미래는 훨씬 밝아질 것입니다.

**한 사람 한 사람의 사고방식이 달라지면
지금보다 더 행복하고 밝은 미래를 누릴 수 있습니다.**

이러한 사고방식의 전환을 디지털 트랜스포메이션(Digital Transformation, DX)이라고 합니다. 디지털을 활용하여 새로운 세상을 만드는 것이죠. 이와 동시에 'BX'도 앞으로의 시대에 꼭 필요합니다.

'BX'란 브레인 트랜스포메이션(Brain Transformation), 즉 뇌의 전환을 뜻합니다. 지금까지 우리는 인지적인 뇌를 활용하여 현대 문명을 구축했습니다. 그런데 최근 이 방법이 서서히 한계에 이르렀다는 사실이 드러나고 있습니다. 오히려 많은 사람들을 고통스럽게 만든다는 것입니다. 이러한 한계점은 오늘날 발생하고 있는 다양한 사회문제로 드러나고 있습니다.

우리가 사는 세계는 각각의 사회로 이루어져 있습니다. 그 사회는 조직과 시스템으로, 조직과 시스템은 사람으로, 그리고 사람은 뇌를 활용하여 살아갑니다.

다시 말하면 오늘날의 세계는 뇌의 표현이자 뇌의 작품입니다. 이렇게 인지적인 뇌를 사용하여 다다른 세계가 바로 오늘날의 사회입니다.

'자기긍정감을 높여 만족스러운 결과를 얻겠다'는 생각에 인지적 사고만 고집하면 상황이 어려워질수록 한계를 느끼고, 많은 문제에 직면하게 됩니다. 이 방법을 부정하는 것은 아닙니다. 그러나 앞으로 내 마음을 보듬고 살아가려면 외부의 평가나 결과를 추구해야 얻을 수 있는 자기긍정감을 중시하는 사고에서 벗어나야 합니다. 나와 마주하고 나의 내면에 '있는 것'을 소중히 여기며, 비인지적 사고방식을 기르는 뇌의 전환인 'BX'를 함께 활용할 것을 추천합니다.

모두가 행복한 세상을 꿈꿉니다

최근 SDGs라는 말을 흔히 접할 수 있습니다. SDGs(지속 가능한 발전 목표)는 2015년 9월에 열린 국제회의에서 채택된 것으로, 유엔 가입 193개국이 2016년부터 2030년, 즉 15년간 달성해야 할 목표를 말합니다. 어떤 내용이 있는지 살펴봅시다.

- 빈곤 종식
- 기아 종식
- 모든 사람의 건강한 삶과 복지 증진
- 모든 사람에게 공평한 양질의 교육 보장
- 성 평등 실현
- 모든 사람에게 위생적인 물과 화장실 보장
- 모든 사람에게 평등한 에너지 보장

- 양질의 일자리와 경제 성장

- 산업화와 기술 혁신 기반 구축

- 사람과 국가의 불평등 감소

- 지속 가능한 거주지 조성

- 지속 가능한 소비와 생산 양식 보장

- 기후 변화에 구체적인 대책 마련

- 풍부한 바다 자원 보존

- 육지 자원 보존

- 모든 사람에게 평화롭고 공정한 사회

- 파트너십을 활성화하여 목표 달성

총 17가지 목표는 인지적인 뇌만으로 실현 불가능합니다. 자기긍정감을 토대로 생각하고 구축한 시스템만으로 이 목표를 유지하고 실현할 수 없습니다. 이 목표는 오늘날 세계 모든 나라에서 드러난 사회문제로, 인지적인 뇌에 집착한 탓입니다.

따라서 비인지적인 사고를 갈고닦아 세계의 모든 사람이 자기존재감을 갖고 내 마음을 보듬고 살아간다면, 17가지 모두 개선되리라 확신합니다. 하지만 지금처럼 인지적인 뇌만 활용하는 사회라면 SDGs는 실현 불가능합니다.

따라서 SDGs를 실현하기 위해 인류는 BX를 반드시 실천해야 합니다.

자기긍정감을 유지하려고 인지적 사고만 사용하는 사람이나 자기부정감으로 괴로워하는 사람들이 사고를 전환하여 자기존재감을 활용하는 방법을 터득한다면, 우리 모두 행복하게 살 수 있습니다. 이렇게 행복한 사람들이 모인 '사회와 지구'는 지속 가능한 성장을 할 수 있습니다.

진정한 의미의 SDGs를 실현하는 길은 우리가 비인지적인 사고를 기르고 BX를 실천하는 방법밖에 없습니다. 보여주기식으로 SDGs를 지향하고 실현한다면 진정한 의미의 사회 변화를 이끌어낼 수 없습니다. SDGs는 매슬로의 욕구 5단계 이론 중에서 가장 꼭대기에 있는 자아실현의 욕구를 실현해야 비로소 보이는 세상입니다.

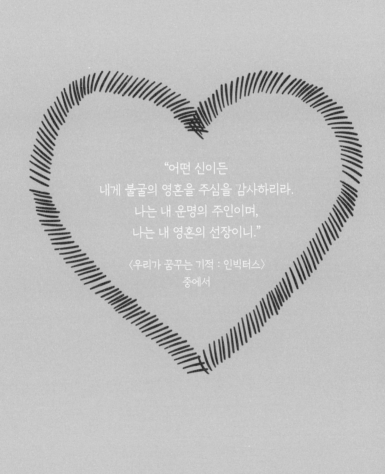

"어떤 신이든
내게 불굴의 영혼을 주심을 감사하리라.
나는 내 운명의 주인이며,
나는 내 영혼의 선장이니."

〈우리가 꿈꾸는 기적 : 인빅터스〉
중에서

성공과 실패
말고 다른
어떤 것

Part 04

오늘 하루
있는 그대로의
내 모습으로
살았나요?

성공과 실패 말고
다른 것도 있습니다

자기긍정감의 굴레에 갇힌 세계에서는 대부분 성공 체험에만 의존합니다. '성공 체험이 부족해서 자기긍정감이 낮다', '성공 체험이 자기긍정감에 도움이 된다'는 고정관념을 가지고 있기 때문입니다. 따라서 성공 체험을 무조건 많이 해야 한다는 성공 체험 지상주의는 인지적인 뇌가 폭주한 증거입니다.

성공을 부정하는 것은 아니지만, 세상에 없는 새로운 것과 서비스 또는 가치를 생산하는 것을 지향하는 세계에서는 '성공했는가? 실패했는가?'라는 인지적인 뇌 특유의 양자택일 논리에 빠지기 쉽습니다.

이러한 논리는 성공 가능성이 있는 것만 가치 있게 여기고, 반드시 성공하기 위해 자기긍정감을 기르는 것과 같습니다. 하지만 언제나 결과가 좋으리라는 보장은 물론, 누구나 성공한다고 장담할 수 없습니다. 그래서 점점 자기긍정감보다 자기부정감과 자기열등감이 커집니다. 그러다 사회생활을 하다 보면 성공은커녕 대부분 실패한다는 현실을 깨닫습니다.

스포츠 경기도 마찬가지입니다. 경기가 열린 숫자만큼 실패한 사람이 존재합니다. 대회에서 많은 팀이 경기에 진다는 뜻입니다. 올림픽에서도 금메달을 따는 사람은 그 종목에서 단 한 사람 또는 한 팀뿐입니다. 게다가 경기에 나가지 못하고 선발에서 떨어진 사람이 더 많습니다.

모든 선수와 팀이 경기에서 자신의 실력을 보여주려고 최선을 다해 노력하지만 현실은 쉽지 않습니다. 결과만을 놓고 보면 대부분 실패자인 셈입니다.

우리의 일상생활이나 비즈니스, 인생에서도 비슷한 일이 많습니다. 성공 체험에 의존하는 자기긍정감은 인간으로서 성장하는 데 한계가 있습니다. 앞서 설명했듯이 원래 인간은 인지적으로 자기부정을 원동력으로 진화한 생물입니다. 그래서 사회환경과 성공이라는 통제할 수 없는 아주 작은 결과에 의존하는 경향이 있습니다.

자기긍정감을 기르겠다는 발상에서 벗어나지 않는 한
우리는 마음의 평안을 얻거나 나다운 인생을 살 수 없습니다.

인지적인 뇌를 활용해 성공하려는 사고방식에서 벗어나 비인지적 사고방식으로 관점을 바꾸면 자기존재감을 가질 수 있습니다.

'자기긍정감을 기른다'거나 '나를 부정하면 안 된다'와 같이 성공만을 좇는 인지적인 평가는 필요 없습니다. 우리는 누구나 살아 있는 존재로, 이미 '가지고 있는 것'을 깨닫기만 하면 손쉽게 자기존재감을 갖출 수 있으므로 괜히 애쓸 필요 없습니다.

자기긍정감을 기르는 것보다 자기존재감을 갖는 것이 중요합니다. 이것은 누구나 쉽게 가질 수 있으며 일부러 목표를 정해서 달성하기 위해 노력할 필요도 없습니다. 물론 다른 사람과 비교하지 않아도 됩니다.

나를 힘들게 하는 '꿈', 나만이 잘할 수 있는 '꿈'

목표는 결과의 대표적인 예시입니다. 목표를 설정하고 기한을 정한 다음, 이를 위해 차근차근 일을 진행해나가겠다고 생각하는 것 자체가 인지적인 접근입니다.

이러한 접근법에는 '목표를 달성했는가 혹은 달성하지 못했는가?', '기간을 지켰는가 혹은 못 지켰는가?', '그것은 옳은 일인가 혹은 옳지 않은 일인가?', '해야 할 일을 했는가 혹은 하지 못했는가?'라는 양자택일이나 둘 중에 뛰어난 것을 평가하는 인지적인 사고가 숨어 있습니다.

이러한 사고방식으로는 '자기긍정감을 기르기'가 어렵습니다.

한편 이 목표와 자주 어울리는 말이 '꿈'입니다.

꿈은 우리 인생에서 빠질 수 없는 큰 주제로 인지적인 관점과 비인지적인 관점으로 보는 꿈에 차이가 있습니다.

먼저 인지적인 관점에서 보면 꿈은 노력하는 것이라고 합니다. 이는 목표처럼 꿈의 기한을 정하고 해야 할 것(thing to do)을 명확하게 설정하고 실행하는 백캐스팅(backcasting, 연구와 자료에 의거해 과거의 일을 재구성하는 것)적인 사고방식입니다. 이처럼 목표를 설정하는 것부터 시작하므로 '꿈은 노력하는 것!'이라고 말합니다.

그런데 과연 얼마나 많은 사람이 꿈을 이루었을까요?

물론 꿈을 포기하지 않고 멋지게 이룬 사람도 있지만, 대다수는 그렇지 않습니다. 자기긍정감을 기르기 위해 '꿈을 이루자'라는 것은 애초에 불가능합니다.

꿈이나 목표를 부정하는 것은 아닙니다. '꿈을 이루기 위해 무엇을 할까?'를 고심하고 그것을 목표로 노력하는 것은 훌륭한 일입니다. 하지만 '자기긍정감을 높이자' 또는 '나답게 살자'라는 말은 생각처럼 쉽지 않습니다.

'이상적인 꿈'이나 '남들이 다 꾸는 꿈'을 위해 힘쓰기보다
일단은 '꿈을 가져보는 것'을 추천합니다.

누구나 쉽게 가질 수 있는 것, 이것이 비인지적인 관점으로 정의한 '꿈'입니다. 꿈은 모두의 내면에 존재하는 것입니다. 그래서 타인의 평가나 그 꿈을 이루었는지 검증받을 필요도 없으며, 크기를 비교당하는 일도 없습니다.

성과보다 중요한 것은 마음속에 꿈을 갖고 사는 것입니다. 이는 나를 보듬고 살아가는 데 필요한 에너지를 줍니다.

'나만의 꿈'이 있는 사람은 이 세상에서 나 하나뿐입니다. 남들이 다 꾸는 꿈을 이루고 얻은 자기긍정감 대신, 꿈이 있다는 것 자체를 중요하게 생각하는 자기존재감은 내가 살아 있다는 것을 실감하게 하고 안정감을 느끼게 합니다.

자기존재감은 성과를 내서 성공의 길로 이끌어주지는 않습니다. 하지만 편안하고 안정적인 마음으로 살아가는 데 도움이 됩니다.

나의 꿈은
내가 진짜 원하는 꿈이 맞는가?

이쯤에서 우리를 움직이고 지배하는 뇌의 기능에 대해 정리해볼 필요가 있습니다.

인간은 40만 년 전에 호모사피엔스로 진화를 시작했습니다. 이때의 진화는 뇌, 즉 인지적인 뇌의 진화를 말합니다.

인지적인 뇌는 어떠한 특징이 있을까요?

동물에게는 사는 것 자체가 가장 중요한 일입니다. 각각의 동물은 자신들의 뇌를 활용하며 살아왔습니다. 이때 그들이 추구하는 것은 매슬로의 욕구 5단계 이론 중에서 가장 하위 단계인 생리적 욕구와 안전의 욕구입니다.

인지적인 뇌는 이처럼 생명을 유지하기 위해 머리를 쓰는 데서 시작했습니다.

인간은 살아남기 위해 진화했지만 이외에도 다양한 문명을 발전시켰습니다. 문명을 발전시킨 주역은 바로 인간만이 진화하여 얻은 인지적인 뇌입니다. 인간은 동물보다 이 부분이 진화했습니다. 매슬로의 욕구 5단계 이론 중에서 3단계와 4단계에 해당하는 사회적 욕구와 존경의 욕구를 추구하며 채워왔습니다.

이러한 뇌의 진화는 인지적인 뇌가 결과에 집착하고, 좋은 결과를 위한 조건을 외부에서 찾고 행동하고 실행했기 때문에 가능했습니다. 진화의 시발점은 바로 좋은 결과를 내서 사회에서 인정받고, 사회와 연결고리를 만들고자 하는 욕구를 채우는 것이었습니다.

인지적인 뇌가 열심히 작용한 덕분에 편리한 사회, 자본주의 사회, 국민소득이 높은 사회, 지금의 발전한 현대사회가 만들어졌다고 해도 과언이 아닙니다.

더 나아가 우리는 현대 교육으로 인지적인 뇌를 더욱 발전시켰습니다. 때로는 이를 지나치게 많이 사용하면서 오늘날의 인지적인 사회를 만들어냈습니다.

인지적인 뇌는 결과, 행동, 외부 환경에만 집중하는 구조로 되어 있습니다. 그래서 계속 이것만 사용하면 마음을 잃어버릴 수도 있습니다. 집에서도 학교에서도 회사에서도 우리 사회는 온종일 이 3가지에만 정신이 쏠려 있습니다.

스마트폰과 디지털 문명의 가속화는 인지적인 뇌의 폭주를 부추겨서 인간의 마음을 점점 공허하게 만듭니다. 공동화 상태가 되거나 스트레스를 많이 받게 되는 것이죠. 그러면 사람들은 점점 더 피폐해지고, 심한 경우 마음에 병이 생겨 죽음에 이르기도 합니다.

이렇게 인지적인 뇌의 폭주는 우리 사회와 인간을 더욱 괴롭힙니다. 그럴수록 인지적인 뇌는 '자기긍정감을 향상'해서 스트레스를 풀려고 합니다.

인지적인 사고는 결과, 행동, 외부 환경 3가지 요소를 집중적으로 인식하므로 성공이나 결과 같은 성과물을 통해 스트레스를 없애려 합니다. 이러한 시도가 성공 체험을 토대로 자기긍정 지상주의를 만들었습니다.

거듭 말하지만 자기긍정감을 얻는 데는 한계가 있습니다. 성공과 긍정이라는 인지적인 방법으로는 인간의 마음을 보듬어 줄 수 없기 때문입니다.

이 문제를 해결하려면 결과, 행동, 외부 환경만을 추구하는 인지적이며 마음 챙김이 없는 상태에 빠진 뇌를 활용하기보다 완전히 다른 사고방식이 필요합니다.

나라는 존재, 양보다는 질,
결과보다는 마음을 중요하게 여기는
비인지적인 상태인 마음 챙김이 있는 뇌를 활용하면,
스트레스나 불쾌감의 바다에서 벗어날 수 있습니다.

외부 환경이나 결과만을 생각하는 인지적인 자기긍정감 대신, 있는 그대로의 내 모습과 마음을 중요하게 여기는 비인지적인 자기존재감이 앞으로 우리 시대의 구세주입니다.

슬램덩크,
왼손은 거들 뿐

이쯤에서 인지적인 뇌와 비인지적인 뇌의 사고가 무엇이 다른지를 비교하여 정리해봅시다.

먼저 인지적인 뇌는 사건과 같이 외부에서 일어나는 일에 주목합니다. 반면 비인지적인 뇌는 나의 마음을 중요하게 여깁니다. 인지적인 뇌는 부족함을 보지만, 비인지적인 뇌는 있는 그대로를 봅니다. 인지적인 뇌는 남과 비교하지만, 비인지적인 뇌는 나를 중요하게 여깁니다. 그리고 인지적인 뇌는 과거나 미래를 분석하지만, 비인지적인 뇌는 지금을 소중히 여깁니다. 이렇게 둘의 역할은 다릅니다.

예를 들어 양손 중에 자주 사용하는 손으로 젓가락을 들고 나머지 손으로 밥그릇을 듭니다. 밥 먹을 때조차 이렇게 역할이 다른 것처럼 뇌도 마찬가지입니다. 손의 역할을 제대로 이해하고 사용하면 맛있는 식사를 할 수 있듯이, 뇌도 잘 사용하면 훨씬 아름답고 의미 있는 인생을 살 수 있습니다.

인기 농구 만화 〈슬램덩크〉를 보면 오른손 스냅을 이용해 슛을 날릴 때, 왼손도 나름의 역할이 있다는 뜻으로 '왼손은 거들 뿐'이라는 대사가 나옵니다.

회사에도 인사, 영업, 개발 등 다양한 부서가 있습니다. 각각의 부서마다 역할은 다르지만 모두 중요한 업무를 맡고 있습니다.

흔히 회사를 대표하는 것이 무엇인지 떠올려보라고 하면 훌륭한 사원이나 영업 부서를 생각하기 쉽습니다. 하지만 눈에 띄지 않는 사원이나 인사부 등 회사에서 백오피스(거래 체결과 직접적인 관련 없이 후방에서 지원하는 업무)를 담당하는 사원과 부서가 각자 역할을 맡고 있다는 사실을 잊지 말아야 합니다.

뇌에서도 주된 역할은 인지적인 뇌가 담당합니다. 하지만 뇌의 균형을 위해서라도 잘 사용하지 않는 비인지적인 뇌를 활용하여 나만의 개성과 자기존재감이 충만한 인생을 사는 것은 어떨까요?

앞서 이야기했듯이 사람은 인지적으로 외부의 다양한 환경과 사건, 타인과 접촉하며 살아갑니다. 이러한 환경에서 우리의 뇌는 반드시 결과를 내야 한다는 생각에 바삐 움직입니다.

인지적인 뇌와 비인지적인 뇌 비교

인지적인 뇌	비인지적인 뇌
자기긍정감	자기존재감
외부 환경	나의 내면
행동	나의 기분과 감정
PDCA 사이클	현재의 나
외재적 동기	내재적 동기

인생의 주역은 인지적인 뇌이지만, 평소에 비인지적인 뇌를 함께 활용하면 인생이 훨씬 풍요로워진다.

외부에서는 매일 아침부터 밤까지 많은 일이 발생하는데, 여기에 우리는 너무 쉽게 마음을 빼앗기고 휘둘립니다. 인지적인 뇌만을 활용하기에 어쩔 수 없는 현상입니다.

**외부 환경에 몸과 마음이 휩쓸리지 않도록
먼저 나의 내면에서 일어나는 감정에 집중해봅시다.**

나에게 집중하는 것을 자기관찰이라고 하는데, 이는 요가나 명상, 좌선으로 가능합니다.

내 안에서는 무엇이 발생할까요?

내면에서 일어나는 것 중 먼저 관찰해야 하는 것은 내 마음의 상태입니다. 특히 내가 어떤 감정을 느끼고 있는지 알아야 합니다.

외부에서 다양한 일이 발생하는 것처럼 내 안에서도 다양한 감정이 매일 생겨납니다. 이를 깨닫는 것만으로도 뇌의 균형이 잡히고 마음이 안정됩니다.

오늘 하루 당신은
어떤 기분을 느꼈나요?

비인지적인 사고를 트레이닝할 때 우선 감정 목록을 정리하는 연습을 합니다.

'인간에게는 어떤 감정이 있을까요?'라고 질문하면, 가끔 '보너스를 받았을 때', '프로젝트가 성공적일 때', '상사에게 칭찬받았을 때'라고 대답하는 사람이 있습니다.

그러나 이것은 외부에서 생긴 사건일 뿐 감정이 아닙니다.

'감정이란 무엇일까요?'라는 질문에 제대로 대답할 수 없는 이유는 타인과 외부 환경을 신경 쓰느라 정작 자신의 감정을 잘 모르기 때문입니다.

예를 들어 재미있다는 것은 외부에서 발생한 어떤 사건을 두고 이야기하는 것이기도 하지만, 재미있다고 느끼는 감정은 나의 내면에 있는 것이므로 감정이 맞습니다.

'아름답다', '맛있다'라고 대답하는 사람도 있습니다. 하지만 이것은 내 안에 있는 감정이 아니라, 외부에 있는 어떤 것에 의미를 부여하는 형용사입니다. 아름다운 것은 풍경이지 감정을 아름답다고 하지 않습니다.

이보다는 아름다운 풍경을 보고 뭉클한 마음이 들었다든가, 맛있는 초밥을 먹고 기쁘다고 하는 것이 올바른 감정 표현입니다.

우리는 대부분 인지적인 뇌만 사용하기 때문에 나의 감정과 외부의 사건을 묶어서 표현합니다.

비슷하게 '졸린다'라든가 '피곤하다'라는 것도 감정이 아닙니다. 지금 내 몸 상태를 말하는 것이지, 지금 느끼는 감정을 '졸린다'고 하지는 않습니다.

우리 인간이 느끼는 감정은 말로 다 표현할 수 없을 정도로 다양합니다. 예를 들어 '귀찮다', '화난다'는 표현 외에 '실망스럽다', '두근거린다', '외롭다', '초조하다', '만족스럽다', '불안하다' 등 적어도 100개 이상은 있습니다.

외부에서 발생하는 일이나 결과에 휘둘리면서 자기긍정감을 길러야 한다고 생각하며 사는 인생과, 우열을 가리는 일도 없고, 옳고 그름도 따지지 않는, 나만의 다양한 감정을 토대로 자기존재감을 가지고 사는 인생은 완전히 다릅니다.

인간이 지닌 고유한 감정을 깨닫는 것만으로도 자기존재감이 싹틀 것입니다. 감정은 나만의 고유한 것이므로 긍정적인지 부정적인지 평가하지 말고, 모든 감정을 있는 그대로 받아들이는 것이 중요합니다.

하루하루 어떤 일이 일어났는지 이야기하는 것보다는 나의 감정이 무엇인지 깨닫는 '비인지적인 뇌'를 기르기 위해서라도 솔직한 나의 감정을 이야기해야 합니다.

불쾌한 감정이든 즐거운 감정이든,
모두 내 안에 존재한다는 사실을 잊지 마세요.

'불쾌한 감정을 깨달으면 그 감정이 줄어들고, 즐거운 감정을 깨달으면 그 감정이 늘어난다'는 말이 있습니다. 나의 감정을 알면 마음의 평화가 찾아올 것입니다.

여러 문제와 스트레스를 유발하는 성공 체험만을 강조하는 인지적인 자기긍정감에 집착하지 말고 나의 감정을 깨닫는 '비인지적인 뇌'를 사용하면, 예전보다 훨씬 단단해진 나의 모습을 만날 수 있습니다. 이를 하루빨리 많은 사람들이 깨닫는 날이 오면 좋겠습니다.

내가 좋아하는 것들로
가득한 하루

우리는 인지적인 뇌를 활용해 외부의 자극을 받아 노력하고 에너지를 냅니다. 그래서 '어떻게 동기부여를 할 것인가?', '왜 의욕이 생기지 않지?'라는 외부의 조건에 의존합니다. 그러나 이런 방법으로는 평생 불안하고 초조할 뿐입니다.

의욕이나 동기부여의 원천을 밖에서 찾지 않고, 내가 원래 가지고 있는 것을 토대로 동기부여하는 것을 '내재적 동기(intrinsic motivation)'라고 합니다.

이때 내 안에서 동기부여를 하는 에너지의 원천은 '좋아한다'라는 감정입니다. 이 감정은 내 안의 고유한 원동력입니다. 나만이 좋아하는 감정을 발견했다면, 내가 무엇을 좋아하는지 한 번 찾아봅시다.

저는 농구, 오코노미야키, 낫토, 스포츠, 예술, 문화, 책, 〈슬램덩크〉를 좋아합니다. 이것들을 좋아하는 감정은 나만의 고유한 것입니다. 그렇다면 나는 이것을 왜 좋아할까요?

좋아하는 데는 딱히 이유가 없고 그저 좋으니 좋아할 뿐입니다. 중학교 시절, 어머니께서 도시락 반찬으로 오코노미야키를 싸주셨던 기억이 전부인데, 히로시마풍보다는 간사이풍을 좋아합니다. 아마도 부모님의 고향이 시가현과 교토로 두 분 다 간사이 지역이기 때문인지 모릅니다. 간사이 사람들이 낫토를 좋아하지 않는다는 말이 있지만 저는 좋아합니다. 심지어 아침 점심 저녁 삼시 세끼를 먹어도 질리지 않을 정도로 좋아합니다.

성인이 되어서 오코노미야키나 낫토 가게 주인이 되지는 않았지만, 이것 말고도 제가 좋아하는 스포츠와 문화를 둘 다 다루는 스포츠 닥터가 되었습니다.

'좋아하는 것'을
더 좋아하면 좋다

의학부를 졸업하고 내과 의사가 된 이후, 교원병(膠原病, 류머티즘, 피부 근육염, 피부 경화증 등) 전문의로 서른 살 무렵까지 열심히 일했습니다. 누군가 시켜서 한 것이 아닙니다. 의사로서 환자를 살리기 위해 환자의 생명을 원동력으로 살았습니다.

일하면서 보람은 느꼈지만 알게 모르게 항상 힘들었습니다. 나중에야 제가 인지적으로 살았기 때문이라는 것을 알게 되었습니다. 아무리 노력해도 죽는 환자들이 생겨나고, 저 말고도 주변에는 훌륭한 의사가 많았습니다. 이러한 환경에서 자기긍정감을 유지하기는 점점 어려워졌습니다.

그때 제가 너무 좋아하는 문화 활동인 스포츠를 떠올렸습니다. 운동선수들의 마음을 보듬는 스포츠 심리학의 길에 도착하고 나니, 그제야 좋아한다는 것의 진짜 의미를 알게 되었습니다.

병원에서 일할 때는 밤낮없이 휴일에도 울리는 호출에 투덜거리기 일쑤였습니다. 그러나 지금은 저의 내재적 동기, 즉 좋아하는 감정을 받아들이고 나니, 밤이든 일요일이든 상관없고, 큰 불만 없이 매 순간 기분 좋게 일하고 있습니다.

저는 책을 읽거나 감상문 쓰는 것은 어려워하면서도 서점은 좋아해서 자주 들릅니다. 이러한 제가 여러분에게 들려줄 책을 썼습니다. 잘하지 않아도 좋아하는 길을 가다 보니 도착한 길이 아닐까 싶습니다.

잘한다는 것은 남과 비교하고 내린 평가이므로 인지적인 뇌를 사용합니다. 학교는 잘하는 것과 못하는 것을 분명하게 나누는 평가와 비교를 토대로 움직이는 인지적인 세계입니다. 우리가 사는 인지적인 사회에서는 특기를 살려 좋은 결과를 내는 것을 선호합니다.

그러나 잘하는 것만으로는 부족합니다. 나보다 뛰어난 사람은 반드시 있으며, 이러한 사람과 비교할수록 마음도 불안하고 괴롭습니다. 그러니 외재적 동기가 될 만한 것을 밖에서 끊임없이 찾습니다.

하지만 모든 사람들이 자기가 좋아하는 것을 직업으로 삼을 수는 없습니다.

나의 마음을 보듬는 방법으로
내가 좋아하는 것을 발견하여 자기존재감을 길러봅시다.

내가 어떤 것을 좋아하는지 살펴보는 습관이 중요합니다. 굳이 좋아하는 것을 직업으로 삼지 않아도 누구나 할 수 있는 비인지적인 사고입니다.

학교는 좋아하는 것보다 잘하는 것을 평가하기 마련입니다. 초등학교에서 '좋아하는 음식은 무엇인가요?'라고 물어보면 엄마의 눈치를 보며 '엄마가 좋아할 만한 것'을 선택합니다. 이렇듯 내가 좋아하는 것조차 인지적으로 생각하는 경향이 있습니다.

좋아하는 것에는 정답이 없습니다.

한 개인이 좋아하는 감정을 방해하는 사람은 없습니다. 그러니 모든 사람에게 자유로운 마음이 있다는 것을 받아들여야 합니다. 무언가를 좋아하는 마음은 자기존재감의 에너지 원천입니다.

나를 움직이는 것은
무엇인가?

나만의 '좋아하는' 감정을 소중히 여기는 사람도 나 자신이며, 이는 비인지적 사고방식으로 발견한 나만의 것입니다. 이 감정은 모든 사람들이 가지고 있고 살아가는 데 원동력이 됩니다.

그리고 나를 움직이는 이 원동력이 바로 삶의 목적입니다.

삶의 목적은 내 안에 있습니다. 이를 발견하지 못하고 인지적으로만 생각해 '자아 찾기 여행'이라는 이름으로 인도 같은 해외로 떠나는 분들이 있습니다. 그러나 외부에서 나의 존재 가치가 될 만한 목적을 발견하기는 쉽지 않습니다.

하물며 당장 찾을 수 있는 것도 아닙니다.

우선 나에게 '왜'라고 질문하는 것부터 시작해봅시다.

인지적인 뇌는 나의 내면에 질문하지 않고 외부를 향해 질문하는 경향이 있습니다. 왜냐하면 인지적인 사고방식으로 이유를 찾고 분석하기 때문입니다. 그래서 해답을 내부가 아닌 밖에서 찾습니다.

반면 비인지적인 질문은 다릅니다. 다음과 같이 나에게 질문해보세요.

- 나는 '왜' 그 행동을 했을까?
- 나는 '왜' 그 목표를 정했을까?
- 나는 '왜' 그렇게 생각했을까?
- 나는 '왜' 그것을 했을까?
- 나는 '왜' 이기고 싶은가?

'삶의 목적'과 '삶의 의미'의 차이

삶의 목적과 삶의 의미는 비슷한 듯하지만 다릅니다.

삶의 의미는 외부의 기준에 맞춰 인지적으로 해석하여 가치를 부여한 것입니다. 반면 삶의 목적은 인지적인 해석으로 부여한 의미나 가치가 아닌, 내 안에만 존재하는 나만의 에너지 원천입니다.

비인지적인 관점으로 바꾸는 습관은
'내가 중요하게 생각하는 것은 무엇일까?'를
발견하는 것부터 시작합니다.

내가 중요하게 생각하는 것은 사람, 사물, 일 등 여러 가지 있는데, 조금만 더 나의 내면을 깊이 들여다보고 질문해봅시다. 이렇게 내 생각과 감정을 관찰하는 것입니다.

'나한테 소중한 것은 무엇일까?'
'나는 어떤 생각을 많이 할까?'

지금까지 이런 질문을 한 번도 해보지 못한 사람들도 있지 않을까요?

정답이 없는 질문에
'답'이 있다

인지적인 뇌가 지배하는 사회에서 살다 보면 나를 들여다볼 기회가 적습니다.

학교의 도덕이나 윤리 시간에 'ㅇㅇ해야 한다'라는 가르침은 받지만, 나를 돌아보고 관찰하며 발견할 기회는 거의 없습니다.

또한 사회에 나가보면 직장에서도 나를 관찰할 시간이 없다는 사실을 알게 됩니다. 심지어 많은 시간을 결과나 행동, 외부 환경에 소비하고, 나에 대해 생각하는 등 비인지적인 사고를 할 시간이 아예 없는 날도 있습니다.

- 나한테 가장 중요한 것은 무엇일까?
- 내 삶의 목적은 무엇일까?

이렇게 정답이 없는 질문에는 시간을 들이지 않습니다. 사실 질문과 목적은 있지만, 이를 진득하게 관찰한 적이 없으니 아마 모르는 상태라는 것이 정확할 듯합니다.

언어로 표현하지 못해도, 딱히 정답이 없어도 문제될 것은 없습니다. 그렇다면 원래부터 내면에 있는 나만의 목적을 비인지적인 뇌를 활용하여 발견해봅시다. 이는 자기존재감을 가지는 데 도움이 되므로 꼭 추천하는 방법입니다.

정답은 중요하지 않습니다. 그보다 나만의 소중한 생각과 삶의 목적이 있음을 아는 것 자체가 중요합니다.

내가 소중하게 여기는 것을
찾아보세요

전 세계적으로 유명한 코칭의 대가 앤서니 로빈스(Anthony Robbins)는 사람이 가장 중요하게 여기는 감정을 6가지 니즈(needs)로 나누었습니다. 그는 사람들이 이 감정에 대한 욕구를 원동력으로 움직인다고 주장합니다.

그가 말한 6가지 니즈는 다음과 같습니다.

1. 안도감

2. 변화

3. 헌신

4. 유대감

5. 성장

6. 독특함

이것은 인간이 기본적으로 추구하는 감정입니다. 인간이 공통으로 지닌 6가지 니즈 중에서 사람마다 중요하게 여기는 감정이 2개씩 있고 각자 그 감정을 느끼기 위해 사고하고 행동한다는 것입니다.

제 경우에는 '변화'와 '독특함'이라는 2개의 감정이 가장 중요한데, 이것이 제 감정의 원천입니다.

저는 똑같은 일을 반복하는 것을 싫어해서 항상 변화하려고 합니다. 게이오기주쿠대학 병원을 그만두고 새로운 일을 시작한다거나 다른 곳으로 이사한 일, 그리고 프로 농구팀 설립까지, 저는 매사에 변화를 느끼지 않으면 살아 있다는 느낌이 들지 않습니다.

독특함 또한 제 안에서 매우 중요한 감정입니다. 다른 사람과 제가 다르다는 것을 깨달았을 때 느끼는 기쁨입니다.

남들과 똑같이 살아가면 좀처럼 힘이 나지 않습니다.

변화를 느끼거나 남들과 내가 다르다고 느끼면 몸 안쪽에서 에너지가 차오르는 기분이 듭니다. 저는 변화와 독특함을 위해 행동하고 선택합니다.

제가 게이오기주쿠대학 병원의 내과 의사를 그만두고, 스포츠 의학을 선택하여 스포츠 닥터가 되고, 응용 스포츠 심리학을 활용하여 멘탈 트레이닝을 전문으로 독립하여 지금처럼 활동할 수 있는 것은 모두 이 감정에 대한 욕구 덕분이란 것을 새삼 깨달았습니다.

저는 이 감정의 니즈를 토대로 행동하며 산 지 30년 정도 되었습니다. 아내와 두 딸들에게 고생만 시켰던 이유도 전부 이 감정에 대한 저의 욕구 때문이었습니다.

그런데 저에게는 왜 6가지 중에 변화와 독특함이 중요했을까요? 그 이유는 저도 잘 모릅니다.

아마 이제까지 제가 살아오면서 겪은 다양한 경험과 체험 때문이 아닐까 생각합니다.

나만의 소중한 것이 있다는 사실은
나의 자기존재감을 지탱해주는 힘입니다.

그렇다면 여러분은 앞서 설명한 6가지 니즈 중에 인생에서 가장 중요하다고 생각하는 2가지는 무엇인가요?

이 기회에 자신을 돌아보길 바랍니다. 내가 중요하게 여기는 것과 나를 움직이게 하는 감정이 무엇인지 알면 거기에서 자기 존재감을 발견할 수 있습니다.

'어떤 모습으로' 살 것인가?

자기존재감을 가지려면 내 본연의 모습이 어떤지 알아야 합니다.

자기존재감이 없는 이유는 나의 모습이 어떤지 생각해본 적이 없기 때문입니다.

'나'라는 사람은 도대체 어떻게 살고 싶은 것일까요?

인지의 세계에서 살면 본연의 모습인 'Being'보다 '무엇을 해야 한다'는 'Doing'만을 고집하게 됩니다.

성공적인 비즈니스를 위해 무엇을 해야 할까?

좋은 대학에 가려면 무엇을 해야 할까?

남에게 좋은 평가를 받으려면 무엇을 해야 할까?

경기에서 이기려면 무엇을 해야 할까?

머릿속이 이러한 생각으로 가득 차 있습니다. 이러한 상황에서 나를 지키는 방법은 좋은 성과를 내는 것이므로 자기긍정감을 기르느라 바쁩니다. 하지만 앞서 이야기했듯이 자기긍정감을 지속적으로 얻기는 어려울 뿐만 아니라 한계가 있습니다.

결과에만 집중하는 'Doing'보다
내 안에 존재하는 본연의 내 모습인 'Being'을 발견할 수 있는
비인지적 사고를 활용해보세요.

본연의 내 모습은 존재 그 자체로 충분하므로, 특별히 시간과 장소의 구애를 받지 않습니다. 혼자 뜨거운 욕조 물에 몸을 담그든, 손님을 응대하든, 상사나 동료와 대화를 나누든, 가족과 밥을 먹든, 심지어 살날이 얼마 남지 않았다고 해도 상관없습니다. 아무 때라도 상관없으니 어떤 모습으로 살고 싶은지 스스로 생각해보세요.

나에게 맞는
삶의 방식이 있습니다

저의 트레이닝과 워크숍 수업에서는 종종 내가 누구인지를 언어화하는 수업을 진행합니다. 그러나 이 수업이 누구에게나 딱 맞다고 장담할 수는 없습니다. '어떻게 살고 싶다'보다 '하고 싶은 것'이나 '되고 싶은 것'을 이야기하기 쉽기 때문입니다.

예를 들어 '상냥한 사람이 되고 싶다'라든가, '모든 사람들을 행복하게 해주고 싶다'고 말하는 사람들이 있습니다. 그렇다면 '그런 사람이 되려면 나는 어떤 사람이어야 하는가?' 바로 그것이 'Being'입니다.

제가 오랜 시간을 들여 깨달은 것으로, 언제나 나만의 인생을 실현할 수 있는 'Being'이 무엇인지 이야기해보겠습니다.

저는 언제 어디서나 자유를 추구합니다. 집에서도, 일할 때도, 심지어 죽을 뻔할 때조차 저를 구속하는 것이 없었으면 합니다. 실제로 자유롭게 사느냐고 묻는다면 신체나 시간, 행동 등 항상 무언가에 구속받으며 살고 있습니다.

그러나 현실은 자유롭지 않아도 저는 '언제 어디서나 자유를 추구'하는 존재입니다.

본래의 나와 잘 맞는 삶의 방식,
그 자체가 나만의 'Being'입니다.

정답은 없습니다. 정답보다 그것이 나와 얼마나 잘 어울리는지가 중요합니다. 내가 살아 있는 한 'Being'은 존재합니다. 이것이 무엇인지를 진지하게 생각하는 시간을 가지면 자기존재감은 반드시 저절로 따라올 것입니다.

나 자신에게 푹 잠기는
시간을 가져보세요

자기존재감을 갖기 위해 비인지적인 뇌를 기르려면 어떻게 해야 할까요?

이 질문에는 항상 '인지적인 문명의 발전으로 탄생한 현대사회에서 나를 관찰할 기회를 어떻게 만들까?'라는 명제가 따릅니다. 과거에는 문명의 발전과 함께 인지적인 뇌를 과도하게 사용하면서 사회의 스트레스 지수도 올라갔습니다. 그래서 인간은 피폐해진 마음을 보듬기 위해 절대적인 신을 모시는 종교를 만들었습니다.

나를 관찰하기 위한 지혜의 일종으로 창조한 것이
요가나 명상, 좌선입니다.

스마트폰이나 AI의 탄생으로 점점 인지적인 뇌를 과도하게 사용하다 보니 마음을 잃어버리게 되었습니다. 이에 실리콘밸리나 외국계 기업에서 마인드풀니스(mindfulness), 즉 마음 챙김을 추구하는 명상이 유행하기 시작했죠. 많은 사람들이 요가와 명상에 관심을 가졌습니다.

최근 사회가 인지적인 시스템과 비인지적인 활동의 균형에 주목하기 시작했듯이, 개인의 뇌도 인지적인 사고와 비인지적인 사고의 균형을 추구하는 시대입니다.

사우나가 유행하는 이유도 현대풍 요가나 명상, 좌선의 한 종류이기 때문입니다. 스마트폰을 놓고 인지의 세계에서 한 발짝 물러나 고요함 속에서 땀을 흘리며 아무것도 생각하지 않고 나를 바라보는 시간입니다.

자연에서 즐기는 캠핑이 유행하는 이유도 결과나 행동, 타인이라는 속박에서 벗어나 자연 속에서 모닥불을 바라보는 시간이 나를 관찰하는 기회라고 생각하기 때문은 아닐까요?

사우나와 캠핑, 명상 등이 주목받는 이유는 나를 바라보지 못하면 나의 내면에 존재하는 것을 발견할 수 없다는 것을 깨달았기 때문입니다.

나에게 없는 것은
신경 쓰지 마세요

저는 스포츠 닥터이자 프로 스포츠 콘셉터입니다. 지방자치 단체나 대학의 체육회, 프로 스포츠팀과 협력하여 스포츠의 가치를 전달하는 일을 합니다.

스포츠는 왜 존재할까요?

스포츠 분야에서는 모든 선수가 승리를 목표로 노력하지만, 대부분은 패배하는 결과를 맞이합니다. 그런데도 스포츠는 왜 존재하는 것일까요?

저는 '스포츠의 존재 가치는 승패가 아니다'라고 생각합니다.

그렇다면 스포츠의 가치는 무엇일까요?

스포츠는 인간이 발전시킨 것으로, 인간다운 따뜻한 마음을 기르는 문화 활동입니다.

일본에서는 스포츠라고 하면 아직도 체육이라고 생각합니

다. 그저 몸을 단련하는 것쯤으로 받아들이죠. 스포츠를 승패라는 결과를 따지는 인지적인 활동으로 보기 쉽지만, 사실 스포츠는 문화 활동이며 비인지적인 사고를 길러줍니다.

영업 사원은 성과가 좋지 않으면 그 원인을 찾고 대처하여 해결합니다. 반면 운동선수는 경기에서 지면 경기 과정을 돌아보고 자신의 주특기와 부족한 점을 먼저 확인합니다.

저와 인연이 있는 노자와 류운지(野沢龍雲寺)의 호소카와 신스케(細川晋輔) 스님은 스포츠의 장점을 한마디로 '기사구명(己事究明) 위인도생(為人度生)'이라고 하셨습니다.

'기사구명'이란 나를 관찰하여 내가 가진 것과 없는 것을 발견하고, 그것을 구명하여 개선하는 활동을 말합니다. 이런 점이 스포츠와 비슷합니다. 나를 구명하는 것은 마음을 다잡고 내가 맡은 책임을 다하는 것을 말합니다. 이것이 결국 팀과 사회를 위해 사는 일이라는 의미에서 '위인도생'이라고 합니다.

이 말에는 '나를 비인지적으로 바라보고 좋은 점과 나쁜 점을 발견함으로써 자기존재감을 가지는 것이 훨씬 좋은 사회를 만드는 비결'이라는 메시지가 담겨 있습니다.

원래 스포츠는 인간이 비인지적인 뇌를 기르기 위해 시작한 문화 활동입니다. 비인지적인 관점으로 스포츠를 생각하고 한 번 체험해보는 것은 어떨까요?

하루에 8만 6,400번의
기회가 있다

많은 사람들이 PDCA(계획 → 실행 → 평가 → 개선)를 반복하는 사이클에 갇혀 미래에 대한 불안과 걱정으로 가득한 하루를 살아가고 있습니다. 우리가 평소에 스트레스를 받는 이유는 이렇듯 바꿀 수 없는 과거에 집착하거나 예측할 수 없는 미래에 마음이 흔들리기 때문입니다.

이는 모두 인지적인 뇌의 활동에 불과합니다. 인지적인 뇌는 결과를 내기 위해 과거나 미래에서 정보를 찾는 구조입니다. 인지적인 뇌가 발달한 것은 우리 인간뿐입니다. 특히 PDCA 사이클을 활용하여 문명을 발전시키거나 비즈니스를 성공적으로 이끄는 등의 성과를 이루어냈습니다. 하지만 그에 못지않게 스트레스도 유발합니다.

지친 마음을 치유하려면 '지금'을 의식하는
비인지적인 사고를 활용해야 합니다.

지금 이 순간은 내 것으로, 자기존재감의 원천입니다. 지금
이 순간은 항상 백지 상태로 존재하며, 새하얀 도화지에 마음
대로 그림을 그릴 수 있는 유일한 사람은 나 자신뿐입니다.

하루 24시간은 8만 6,400초이므로 8만 6,400번의 지금이 존
재합니다. '지금을 충실히 살아야지'라고 인식하는 순간, 나만
의 방식으로 인생을 살 기회가 매일 8만 6,400번이나 생기는
것입니다.

우리가 자기존재감을 기를 수 있는 시간은 이렇게 많습니다.
따라서 '지금을 충실히 살아야지'라며 비인지적으로 생각하는
순간이 바로 나만의 인생을 살 수 있는 출발점입니다.

가위바위보는
져도 됩니다

사람은 결과를 매우 중요하게 여기는 동물입니다. 사소한 가위바위보조차 꼭 이기려고 하죠. 이처럼 아주 작고 제어할 수 없는 결과조차 집착하는 인지적인 뇌의 작용 때문에 우리는 스트레스를 받습니다.

이기고 싶은 마음은 굴뚝같지만 이긴다고 장담할 수 없습니다. 마찬가지로 항상 잘하고 싶지만 언제나 성공할 수 없는 것이 현실입니다.

이때 지금 '여기'에서 내가 할 수 있는 것에 몰입하면 마음을 차분히 가라앉힐 수 있습니다. 결과에 집착하는 자기긍정감에 휘둘리는 인지적 세계에서 벗어나려면, 지금 '여기'에서 내가 할 수 있는 것, 내가 해야 하는 것에 몰입하는 비인지적인 사고를 활용해야 합니다.

이러한 사고방식을 기르면 단단한 사람이 될 수 있습니다. 지금 내가 할 수 있는 것에 집중하고 노력하면 주체적이며 흔들리지 않는 자기존재감을 가질 수 있습니다. 여기서는 나를 긍정하거나 부정하는 평가를 할 필요가 없습니다.

우리는 외부 환경, 특히 타인을 지나치게 신경 쓰기 때문에 남과 비교하고 남의 평가에 휘둘립니다. 우리는 나 혼자 살아갈 수 없지만 남에게 휘둘리고 의존해서 생긴 스트레스를 고스란히 받습니다. 이러한 상황에서 자기긍정감을 유지하는 일은 쉽지 않습니다.

이 세상에는 나보다 훨씬 뛰어난 사람이 항상 있기 마련입니다. 자기긍정감이라는 인지적인 개념에서는 이 열등감 때문에 스트레스를 받습니다.

이때 나에게 몰입하는 비인지적인 사고를 활용하면, 남에게 쉽게 휘둘리는 내 마음을 스스로 지킬 수 있습니다.

오늘이 마지막 날인 것처럼
살아보세요

'지금', '여기에 있는', '나', 이것을 합쳐 '현재의 나'라고 정리할 수 있습니다. 이 말에는 스트레스로부터 나를 보호하고 행복한 삶을 사는 데 필요한 비인지적 사고가 담겨 있습니다.

'현재의 나'를 매일 의식하고 내 마음을 보듬으면 행복하게 살아갈 수 있습니다. 감정이란 내가 스스로 결정한 체험의 산물이며, 경험은 자기존재감을 스스로 기르는 데 무엇보다 필요한 요소입니다.

'현재의 나'에게 몰입하면, 어느새 마음도 정리되고 훨씬 좋은 일이 많이 생길 것입니다.

지금을 소중히 여기고 즐거운 마음으로 살면, 과거를 지금보다 훨씬 긍정적으로 생각할 수 있고, 미래도 지금보다 훨씬 밝은 이미지로 상상할 수 있습니다. 과거나 미래에 집착해서 괴로워하지 않아도 됩니다.

또한 '현재' 내가 무엇을 할지 생각하는 일은 마음을 정리하는 것과 같으므로 결과도 당연히 좋습니다. 좋은 결과란 매사에 즐거운 마음으로 일을 실행함으로써 완성되는 것이므로 '지금 이 순간'에 몰입하는 것은 스스로 좋은 결과를 만드는 일입니다.

나를 소중히 여긴다는 의미에서 '나'에게 몰입하는 사고방식은 내 마음을 평안하게 만들어 남에게도 친절을 베풀 수 있는 여유로운 마음을 갖는 데도 도움이 됩니다. 그러면 인간관계도 자연스럽게 좋아집니다.

나에게 몰입하고 나를 소중히 여기는 것은 사실 주변 사람을 소중히 여기는 것과 같습니다.

'현재의 나'에게 몰입함으로써 행복함을 느낀다면,
다른 사람의 인생도 행복하게 만들 수 있습니다.

이처럼 '현재의 나'에 집중하는 비인지적 사고를 기르는 일은 자기존재감을 형성하고 내 마음과 인생을 더욱 행복하게 만드는 일임과 동시에 자기긍정감과 자신감도 길러줍니다.

가장 먼저 해야 할 일은 내 생각을 정리해보는 것입니다. 매일매일 '현재의 나'에 몰입하는 일은 우리 모두 할 수 있습니다. 바로 이것이 여러분에게 전하고 싶은 풍요롭고 행복한 삶을 사는 비결입니다.

자기존재감으로 나다운 인생을
살아간 사람들

저는 모든 사람들이 자기긍정감에 집착하는 인지적인 사고보다 나를 소중히 여길 줄 아는 비인지적인 사고를 기르고 이를 토대로 자기존재감을 가지고 살아가기를 바랍니다.

이것이 이 세상에서 유일무이한 존재인 나를 발견하고, 나다운 인생을 살아가는 비결입니다.

여기서부터는 인지적인 자기긍정감의 굴레에서 벗어나, 나만의 인생을 사는 방법을 터득한 사람들을 소개하겠습니다.

자신감 없던 연주가의 변신

음악대학원을 졸업한 재원으로 바이올린 실력은 뛰어나지만, 아직 마음에 드는 연주를 못 해 마음이 항상 무거웠다고 하는 여성이 있었습니다.

학력은 물론 실력도 출중했지만, 자신감이 없고 본인의 스타일대로 연주할 수 없는 상태였습니다. 인지적인 뇌만을 활용했기 때문에 자기긍정감의 굴레에 빠져 항상 자신감이 없었습니다.

그래서 상담을 통해 장기적으로 비인지적 사고를 기르는 훈련을 했습니다.

그녀는 왜 자신감이 없었을까요?

매사에 인지적인 사고를 대입하면서 열등감으로 스트레스를 받고 있었기 때문입니다. 특히 어린 시절부터 인지적으로 부족한 점과 잘못된 점을 찾는 자기평가를 습관화하다 보니 자신을 낮추게 되었고 점점 자신감이 없어졌습니다.

먼저 나를 발견하는 습관을 길러보는 것부터 시작했습니다. 내가 아닌 남의 눈치를 보던 습관에서 벗어나 내면에 '존재하는 것'을 발견하자, 조금씩 자기 스타일대로 연주할 수 있게 되었습니다.

내 안에 있는 마음의 가치, 특히 감정의 가치를 알면 외부 환경에 휘둘리지 않으며 괴로움도 사라집니다.

지금도 가끔 예전처럼 자기긍정감의 세계에 빠지기도 하지만, 비인지적 사고를 활용해 스스로 탈출할 수 있는 힘을 기른 덕분에 자기존재감의 세계에서 살 수 있게 되었습니다.

전국에서 보험 영업 실적 1위를 하는 분이 있습니다. 그러나 좋은 실적에도 항상 초조하고 스트레스에 시달렸습니다. 스트레스의 원인은 '언제나 실적이 좋아야 한다', '영업부에서 1등을 해야 한다'는 인지적 사고 때문입니다. 이는 자기긍정감의 굴레에 빠졌을 때 보이는 전형적인 모습입니다.

그는 '실적을 내서 자신감을 얻자'라는 결과를 지향하는 인지적인 상황, 그리고 주변의 기대에 부응하려는 무한 긍정의 굴레에 빠진 상황에서도 끊임없이 노력하고 있었습니다.

이 상황에서 벗어날 수 있도록 비인지적 사고를 활용해 자신을 소중히 여기고, 마음의 짐을 덜어내기 위해 많은 이야기를 나누었습니다.

일할 때 잊지 말아야 하는 것은 나의 마음을 뛰게 하는 것, 내가 즐겁다고 느끼는 것을 우선적으로 생각하는 것입니다. 이렇게 마음을 정리하고 일하면 결과도 당연히 좋아집니다.

자신의 마음을 소중히 여기는 '자기존재감을 기르면 결과는 당연히 따라오는 것'입니다. 그는 비록 전국에서 1등은 아니지만, 적당히 좋은 영업 실적을 유지하며 즐겁게 일할 수 있게 되었습니다.

저는 다양한 종목의 스포츠 선수들을 지원하는 일을 합니다.
여기에서 중요한 질문을 하나 하겠습니다.

경기에서 이기면 자신감도 생기고 나다운 인생을 살 수 있을
까요?

그리고 나를 믿고 나만의 방식으로 노력하면 경기에서 늘 이
길 수 있을까요?

전자는 인지적인 자기긍정주의 사고방식이며, 후자는 비인
지적인 자기존재주의 사고방식입니다.

어떤 운동선수도 지려고 경기에 나가는 사람은 없습니다. 하
지만 경기에서 이기는 것은 마음먹은 대로 할 수 없습니다. 좋
은 결과를 얻으려면 '무엇을', '어떤 마음으로' 하는 것이 필요하
지만, 사실 내 마음이 정리되면 결과는 자연스럽게 따라옵니다.

때때로 불안과 공포가 밀려오기도 합니다. 그러나 비인지성
을 기르고 나에게 몰입하면 당연히 좋은 결과를 얻게 됩니다.

운동선수 중에는 마음의 가치를 높여 기량이 향상되거나, 자
신에 대한 깨달음을 통해 안정적인 경기를 하는 사람도 있습니
다. 또한 자신의 목적을 명확하게 정함으로써 남에게 휘둘리지
않고 좋은 결과를 내는 선수도 있고, '현재의 나'에 몰입하여 목

표를 달성하는 선수도 있습니다.

　스포츠는 승패가 확실하게 나눠지며 남과 비교하기도 쉽고, 평가나 기록이 결과에도 영향을 끼치는 활동입니다. 그만큼 자기긍정감에 빠지기 쉽지만 실력이 좋은 운동선수일수록 비인지적 사고를 활용한 자기존재감을 중요하게 생각합니다. 이것이 승리의 비결이라는 사실을 잘 알고 있기 때문입니다.

직원이 행복한 회사

　저는 화이트 기업을 대상으로 기획위원 활동을 하고 있습니다.

　비즈니스도 결과를 중요하게 여기는 인지적인 활동입니다. 기업 내에는 위계서열 구조가 강하게 남아 있는데, 우리 사회는 이러한 구조 속에서 결과를 강요하기 때문에 인지적 사고를 과도하게 사용하여 스트레스를 받기 쉽습니다.

　이러한 상황에서 자기긍정감을 기르는 일은 누가 봐도 쉽지 않습니다. 그래서 경영진은 물론 일하는 직원도 많은 스트레스를 받습니다. 성공 체험은커녕 자신감을 기르기도 어려우므로 과거와 다른 새로운 관점으로 경영해야 합니다.

　화이트 기업을 위한 기획위원은 직원 모두 일의 보람과 행복을 느낄 수 있는 화이트 기업을 선정하고 표창합니다. 직원 개개인의 행복도와 만족도를 높이는 일이 경영의 핵심인 기업일수록 생산성과 경영 지속성이 높은 편입니다.

우리는 성공보다 성숙을 지향하는 기업을 응원합니다. 인지적인 자기긍정감에 집착하는 기업이 아니라, 비인지적인 사고를 토대로 자기존재감에 기반을 두고 일하는 사람과 기업을 응원합니다.

직원 개개인이 행복을 느끼는 기업은 자기존재감을 중시하는 곳입니다.

행복은 어떤 조건을 충족함으로써 느끼는 것이 아니라, 나를 관찰하고 내가 원래 '가진 것'을 발견함으로써 느끼는 것입니다. 나의 목적이나 내 본연의 모습, 감정이나 생각 등을 소중히 여긴다면, 일 외에 평소의 생활이나 인생에서도 행복을 느낄 수 있습니다.

이럴 때 느끼는 행복은 안정적입니다. 저는 산업 의사로서 많은 경영자와 직원들이 자기존재감을 기를 수 있도록 돕고 있습니다.

각자의 방식으로 살아갈 수 있는 세상

후생노동성에서는 '정상화(normalization)'라는 말을 다음과 같이 정의합니다.

'장애가 있는 사람이 장애가 없는 사람과 동등하게 생활하고, 함께 즐거운 활동이 가능한 사회를 지향하는 이념.'

저는 이 이념을 토대로 '바다에서 육지로 정상화 사회 만들기'를 추구하는 NPO 법인 오션스 러브(Ocean's Love)의 고문으로 일하고 있습니다.

오션스 러브에서는 장애가 있는 아이들이 웃는 얼굴로 성장하도록 돕고, 장애에 대한 시민들의 이해를 돕는 3가지 활동을 하고 있습니다.

첫 번째는 서핑 체험으로 지적장애나 발달장애가 있는 아이들의 웃음을 책임지는 활동, 두 번째는 장애인들의 근로 지원 사업, 세 번째가 바로 정상화 사회를 위한 세미나입니다.

정상화에는 모든 사람에게 평등한 기회를 주는 사회를 만든다는 생각이 깔려 있습니다.

이때 중요한 것은 개개인이 자기존재감을 느낄 수 있는 사회여야 한다는 것입니다. 인지적으로 비교하거나 사회적 지위, 평판, 우열, 옳고 그름에서 비롯되는 자기긍정감을 지향하는 한 이러한 평등 사회를 이룰 수 없습니다. 이러한 사회를 실현하려면 자신을 소중히 여기고 사랑하는 것이 먼저입니다.

이는 결코 성공 체험을 통해 탄생한 자기긍정이 아니라, 체험의 종류를 따지지 않고 다양한 것을 경험함으로써 무조건적으로 나를 사랑하는 것을 말합니다.

자기존재감은 모든 사람이 원래 가지고 있는 것입니다. 앞으로 우리가 자기긍정감의 굴레에서 벗어날 수 있다면, 장애를 비롯한 모든 벽을 뛰어넘어 평등한 세상을 맞이할 것입니다.

자기존재감은 앞으로 우리 사회에서 꼭 필요한 비인지적인 생각입니다. 이것은 메이저나 마이너 같은 다양한 장벽, 장애, 분단, 차이를 뛰어넘어 많은 이들의 마음을 채우고 나만의 방식으로 삶을 살아갈 수 있도록 돕습니다.

자기긍정감을 추구하는 인지적 사고가 지배하는 시대는 이제 끝났습니다. 앞으로는 다양성과 포용성의 세계로 가는 길이 열릴 것입니다.

각자의 속도로 성장하는 아이들

최근 J리그의 유소년팀, 그리고 전국적으로 활동하는 댄스 스튜디오에 다니는 아이들의 보호자를 위한 정기적인 세미나 의뢰가 늘었습니다. 세미나의 내용은 아이들이 성공하려면 보호자가 어떻게 지원해야 하는지가 아니라, 축구나 춤 같은 다양한 활동을 통해 아이들이 자신만의 인생을 살려면 부모가 어떻게 다가가는 것이 좋은지를 다룹니다.

아이들은 대부분 J리그 선수나 연예인을 꿈꿉니다.

하지만 성공할 확률이 낮고, 이 중 겨우 한 사람 정도만 J리그 선수나 연예인으로 데뷔합니다.

아이들끼리는 서로 친구이자 경쟁자이므로, 경기나 발표회에서 남을 질투하거나 비교하지 않고 자신만의 길을 가기는 어렵습니다. 현실이 이렇다 보니 실제로 무리하고 참는 아이들이 많습니다. 간혹 스트레스를 받아 마음에 병이 생겨서 좋아하던 축구와 춤을 싫어하게 되는 아이도 있습니다.

이때 성공 체험을 많이 해서 자기긍정감을 갖게 하는 것만이 해결 방법일까요? 그렇다면 해답을 얻는 아이는 얼마나 있을까요? 아마도 거의 없을 것입니다.

보호자로서 아이에게 알려줘야 하는 것은 비인지적인 사고를 통해 얻은 자기존재감이 훨씬 중요하고 훌륭하다는 것입니다.

결과에 상관없이 너는 너답게, 남과 비교하지 않아도 가치 있는 존재라는 것, 그저 내면에 좋아하는 마음과 생각이 있는 것만으로 훌륭하다는 것, 마지막으로 무슨 일이 있어도 너를 믿는다는 상냥한 말을 해주어야 합니다. 그러면 아이들의 자기 존재감은 쑥쑥 자랄 것입니다.

오늘날처럼 경쟁이 치열한 세상에서는 모든 아이가 자기긍정감을 가지는 데 한계가 있습니다. 아이의 미래를 위해서라도 자기존재감을 갖도록 도와야 합니다.

원하는 대학에 떨어져도 불행하지 않는 학생

저는 온라인 앱으로 전국 고등학생의 공부를 돕는 기업에서 인지적 사고를 기르는 수업 외에 자기존재감을 높이는 비인지적 사고를 기르는 기회를 제공하고 있습니다.

미타 노리후사(三田紀房)의 만화를 원작으로 만든 인기 드라마 〈드래곤 사쿠라〉는 자기긍정감이 없는 고등학생들이 자기존재감을 갖는 방법을 깨달으면서 남과 비교하지 않아도 되는 나만의 자기존재감을 찾는 이야기입니다.

결말 부분에는 자기존재감을 가진 덕분에 기적적으로 도쿄대학에 합격하는 학생과 비록 도쿄대학에 떨어졌지만 본연의 모습을 깨닫고 자기만의 인생을 사는 것이 소중하다는 사실을 알게 된 학생들이 나옵니다.

다양한 학생들의 에피소드를 통해 결과가 좋지 않아도 자기존재감을 가지는 것이 얼마나 중요한지를 알려줍니다.

변호사 사쿠라기는 학생들의 자기존재감을 길러주기 위해 다양한 메시지를 전합니다. 그 메시지에는 이 책에서 이야기한 비인지적 사고가 담겨 있습니다.

- '내가 좋아하는 것'을 소중히 여길 것
- 남과 비교할 필요 없다는 것
- 나만의 목적을 발견할 것
- 내 생각을 소중히 여길 것
- '나를 믿는 것'이 가장 중요하다는 것

이러한 메시지를 고등학생들과 함께 경험하며 우리에게 전하고 있습니다.

우리 프로그램에서도 고등학생들에게 인지적 수업 대신, 자신이 좋아하는 것과 가슴 뛰게 하는 것이 무엇인지 생각해보는 시간을 가집니다. 자신의 감정과 이제까지 가장 최선을 다했던 일이 무엇인지 이야기하며 나만의 궁극적인 목적이 무엇인지 알아봅니다. 고등학생들이 어떻게 바뀔지는 알 수 없지만, 앞으로의 수업이 무척 기대됩니다.

아이들은 인지적인 어른들의 사회에 들어오기 전에 비인지적인 뇌를 기르는 경험을 하는 것이 꼭 필요합니다. 아이들에게 자기긍정감만 강요하면 미래 사회는 분명 어두울 것입니다.

좀 더 어린 초등학생을 대상으로 한 프로그램으로는 나나카라 대학('일곱 빛깔 대학'이라는 뜻)의 고키겐 학부('즐거운 학부'라는 뜻)가 있습니다. 평창 올림픽 아이스하키 대표 선수인 이와하라 토모미(岩原知美) 선수와 함께 '성공 체험보다 중요한 것이 있다'는 것을 아이들과 대화하면서 체험하는 활동입니다.

특히 초등학교에서 배울 수 없는 '비인지적인 뇌를 기르는' 프로그램으로 다른 곳에서는 가르쳐주지 않는 것을 배우는 활동이라는 의미에서 거창하게 대학이라 부르고 있습니다. 프로그램의 목적은 다음과 같습니다.

- 아이의 자립심을 길러주기
- 유연한 사고와 스스로 해결하는 힘을 길러주기
- 풍부한 감성을 길러주기
- 몸과 마음이 건강한 아이로 기르기
- 자기존재감이 있는 아이로 기르기
- 좋은 인간관계를 맺는 힘을 길러주기

이 수업을 들었던 여자아이의 어머니는 다음과 같은 감상을 들려주었습니다.

"저희 딸은 말수가 적은 편이에요. 그런데 이 프로그램으로 자신의 마음을 소중히 여길 줄 알게 되었어요. 심지어 집에서도 자기가 좋아하는 일을 하고 싶다고 말할 정도로 적극적으로 변했어요. 학교의 이과 수업 시간에도 선생님에게 '무슨 일이든 즐겁게 해야 한다고 생각합니다'라며 자기 생각을 담은 감상문을 쓰기도 했어요. 아이가 훌쩍 자란 느낌이 들어요."

성공 체험을 많이 하지 않아도 아이는 물론 어른도 자신의 존재 가치를 느끼고, 그것을 토대로 인생을 잘 살아갈 수 있습니다. 자기존재감은 남의 시선이나 결과에 집착하지 않고 나의 인생을 살아가는 힘이 되어 본인이 살아 있다는 것을 느끼게 해줄 것입니다.

금메달을 따지 못해도 괜찮아

앞서 설명했듯이 저는 운동선수들의 정신적인 부분을 지원하는 일을 하고 있습니다. 그중 시각장애가 있는 도미타 우츄 선수는 2020년 도쿄 패럴림픽 수영 경기에서 은메달 2개, 동메달 1개를 땄습니다.

미디어에서는 대회가 열리기 전부터 선수에게 '목표는 무엇입니까?', '금메달을 따실 생각인가요?', '라이벌인 기무라 선수를 어떻게 생각하나요?'라며 대부분 인지적인 시각으로 자기긍정감을 유도하는 질문을 했습니다.

이에 도미타 선수는 이제까지 자신이 진심으로 금메달을 목표로 하지 않았다는 사실과 '금메달을 따지 못하면 지금까지 노력한 것이 무슨 의미가 있을까?' 하는 생각에 빠져 괴로워하고 있었습니다. 그러다 패럴림픽이 열리기 몇 개월 전 저에게 상담을 요청했습니다.

상담에서는 목표만이 아니라 자신 안에 있는 목적의 힘에 관한 이야기를 나누었습니다. 특히 목표만을 좇는 외재적 동기(extrinsic motivation) 말고도 내재적 동기로 움직이는 건강한 인생도 있다는 것을 들려주었습니다.

그 후 그는 자기존재감을 되찾고 당당하게 경기에 참여했으며 대회에서도 기량을 맘껏 발휘했습니다.

또한 '현재의 나', '할 수 있는 일에 최선을 다하기', '즐기면서 노력하기', '감정의 가치'를 경기를 통해 깨달았고, 덕분에 금메달을 딴 자신에게 진심으로 '축하해'라고 말할 수 있었다고 합니다.

앞으로 그의 '목표'는 패럴림픽 경기를 통해 참가한 선수 하나하나가 다르다는 것을 받아들이고, 있는 그대로도 괜찮다는 자기존재감을 실감함으로써 나를 비롯한 타인에게도 친절한 사회를 만드는 것이라고 합니다.

그는 패럴림픽이 끝난 지금도 이 같은 내면의 사명감을 바탕으로, 오늘날처럼 인지적인 자기긍정주의 사회에서 끊임없이 활동하겠다고 이야기했습니다.

장애인으로서 그리고 패럴림픽에 참가한 운동선수로서 인지적인 뇌의 지나친 활용으로 자기긍정감 지상주의에 빠진 사회에서 저만큼이나 끊임없이 메시지를 전하는 그의 모습을 보고 많은 힘을 얻었습니다. 앞으로도 그의 행보를 응원합니다.

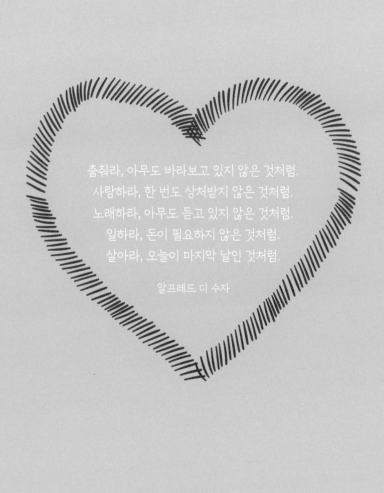

춤춰라, 아무도 바라보고 있지 않은 것처럼.
사랑하라, 한 번도 상처받지 않은 것처럼.
노래하라, 아무도 듣고 있지 않은 것처럼.
일하라, 돈이 필요하지 않은 것처럼.
살아라, 오늘이 마지막 날인 것처럼.

알프레드 디 수자

존재만으로
충분한
존재

Part 05

'잘했다' 대신
'고맙다',
'기대할게' 대신
'응원할게'

아이에게 이래라저래라 하지 마세요

우리의 삶은 내용과 질이라는 2가지 요소로 이루어져 있습니다.

우리가 무엇을 하며 사는지를 담은 것이 내용이라면, 이를 어떤 마음가짐으로 하느냐에 따라 달라지는 것이 바로 삶의 질입니다.

요컨대 인생을 산다는 것은 '무엇을? × 어떤 마음가짐'으로 하는지를 말합니다.

삶의 시간은 누구에게나 공평하게 주어집니다. 아이에게 이 부분을 잘 알려주고 '삶을 살아가는 힘'을 익히고 기를 수 있게 도와주어야 합니다.

우리는 아이가 잘했으면 하는 마음에 무엇을 어떻게 해야 하는지 지시합니다. 지시한 일은 구체적이고, 명확하며, 엄격하게 하는 것이 원칙이므로 인지적입니다. 예를 들어 빨간불은 위험하다는 신호이므로 '건너면 안 된다'고 가르치는 것과 같습니다.

이처럼 부모는 아이에게 도움된다는 생각에 다양한 인지적 접근 방법으로 학습을 유도합니다. 어릴 때 이러한 규칙을 제대로 학습하지 않으면 성인이 되어 인지적인 사회에서 많은 어려움을 겪게 됩니다.

그러나 인지적인 학습 방법은
남의 기준과 결과에 집착하게 되므로
아이의 성장을 돕는 데는 한계가 있습니다.

오늘날의 교육은 자기긍정감을 유도하는 경향이 강하고 자기존재감을 기르는 일에는 소홀합니다.

이러한 교육 방향 때문에 아이들은 항상 괴로움과 스트레스를 받고, 집단 따돌림이나 비방 등에 노출될 위험도 있습니다.

'오늘 좋았던 건 뭐니?'라고
물어보세요

아이들에게는 남과 비교하고 평가하기보다 아이 자체를 응원해주는 것이 중요합니다.

아이 한명 한명은 각자 자신만의 생각과 마음을 갖고 있습니다. 아이의 수만큼이나 마음은 자유롭고 제각기 다른 모습을 하고 있습니다. 그만큼 각자 자신의 마음을 받아들이는 모습도 각양각색입니다.

아이를 이해하고 기다려주는 것이 바로 '응원'이며
이 말에는 비인지적 사고가 담겨 있습니다.

보통 아이가 집에 오면 부모는 인지적인 말투로 아이를 대합니다. 아마 식사 시간에 나누는 대화도 비슷할 것입니다.

'오늘 뭘 했니?' → 행동

'무슨 일이 있었니?' → 사건

'어떻게 되었니?' → 결과

'어제도 말했잖니!' → 과거

'숙제 다 했니?' → 미래

'○○는 똑 부러지는 애니까' → 타인

어떤가요? 자기도 모르게 인지적으로 캐묻고 있습니다. 게다가 부모는 '성공 체험을 많이 해서 자기긍정감을 높여야지'라며 아이를 다그칩니다.

반면 아이에게 이렇게 물어본 적이 있나요?

'오늘 무엇을 느꼈니?'

'무엇이 좋았니?'

'네가 그 일을 하고 싶은 이유는 무엇이니?'

'어떤 것을 열심히 할 수 있겠니?'

'그렇게 생각하는 이유는 무엇이니?'

이처럼 내면에 있는 자기존재감을 길러주는 말은 하지 않습니다.

성과나 결과만을 물어보기보다는 아이가 '내 감정을 이해해주었어'라는 것을 느낄 수 있게 도와주는 것이 중요합니다. 물론 아이의 다양한 감정을 부모가 모두 동의하고 공감하기는 쉽지 않습니다.

그러나 이때 중요한 것은 아이의 감정에 동의하는 것이 아니라 이해하는 것입니다. 나는 너를 이해한다는 의미로 '알았다'라며 아이를 응원해주는 것이 중요합니다.

부모가 자신의 감정과 생각을 이해한 경험을 많이 한 아이들일수록 자기존재감이 잘 형성됩니다. 따라서 부모가 아이를 이해하는 것은 한 인간으로서 아이의 존엄을 인정해주는 일임과 동시에 자유를 느끼게 해주는 일입니다.

이것이 바로 비인지적인 사고로 응원하는 방법입니다.

어떤 기분을 느꼈는지
이야기해보세요

어린 시절부터 자기긍정감을 추구하며 인지적인 말만 듣고
자란 아이들은 자기존재감을 느낄 기회가 거의 없습니다.

어떤 아이라도 부족하고 서투르며 남보다 못한 부분이 있지
만, 이것은 인지적인 평가에 불과합니다. 이와 별개로 그 아이
만이 가진 내면의 어떤 것을 찾아내 자기존재감을 길러주어야
합니다. 어린 시절에 이 감각을 기르지 않으면 어른이 되었을
때 괴로움의 원인이 됩니다.

아이에게는 나만의 생각, 나만의 감정,
본연의 내 모습, 나만의 개성이 있습니다.

아이가 자신의 감정과 생각을 하루빨리 깨닫게 도와주는 것이 부모로서 해야 할 중요한 역할입니다.

아이에게 지시하듯 가르치는 것이 아니라, 아이와 함께 이야기하고 체험하면서 아이 스스로 깨닫게 해야 합니다.

인지적인 세계에서는 성공이라는 지표가 있습니다. 그러나 자기존재감은 남과 나를 비교하고 평가하는 대신 내면의 가치를 소중히 여겨 성숙해질 때 비로소 얻을 수 있다는 사실을 잊지 말아야 합니다.

실패해도 행복할 수 있다고
말해주세요

지금까지 이어져온 '성공 의존형 자녀 교육'에서 '성숙에 가치를 둔 자녀 교육'으로 바꾸어야 합니다. 문부과학성에서 정한 커리큘럼과 대학입시라는 시스템 안에서 교육을 받으면 인지적인 사고가 굳어질 수밖에 없습니다.

이렇게 탄생한 인지적인 사회에서 앞으로 미래를 책임질 우리 아이를 지키고 기르려면, 부모 한명 한명이 BX(뇌의 전환)를 실천하여 사고의 관점을 바꾸어야 합니다.

성공 체험이라는 인지적 굴레에만 갇혀 있으면, 과거에 사로잡혀 계속 남과 비교하며 살게 됩니다.

자기존재감이 얼마나 소중한지를 깨닫는다면
지금이라도 인생을 바꿀 수 있습니다.

누구나 자기존재감을 느끼면 행복하게 살 수 있다는 것을 아이에게 알려주는 것이 어른으로서 해야 할 가장 중요한 일이 아닐까요?

이 책을 읽는 여러분부터 아이가 비인지적 사고를 토대로 자기존재감의 세계로 갈 수 있도록 도와주길 바랍니다.

즐기면서
노력할 수 있습니다

어른이 되면 인지적인 세상에서 인지적인 사고로 살아야 하기 때문에 일을 즐긴다는 생각을 할 수 없습니다. 그보다는 매사에 의미와 성과만을 강조해서 성공만이 삶의 원동력이라고 믿게 됩니다. 일을 즐기는 것과는 점점 멀어지는 삶을 살게 됩니다.

사람에게는 원래 '즐기면서 노력하는' 유전자가 있다고 합니다. 어릴 적 공원에서 친구와 흙장난을 하면서 구르고 넘어져도 즐거웠던 기억을 떠올려보세요.

그런데 어느 날부터 어른에게 '그런 일을 해서 이득이 있을까?'라는 말을 듣고 의심의 싹이 자라기 시작합니다. 이렇게 점점 결과와 성공 여부로 재미를 판단하는 쪽으로 사고가 바뀌게 됩니다.

노력은 내가 하는 것이므로 노력의 정도도 내가 결정하는 것입니다. 따라서 얼마든지 나의 노력과 능력으로 삶의 방향을 조절할 수 있습니다. '노력의 즐거움'을 아는 사람은 자기존재감을 스스로 체득한 것입니다.

이때 억지로 노력을 즐기는 것이 아니라, 진짜 노력의 즐거움을 체감하고 깨달아야 합니다.

어릴 때부터 '노력하는 즐거움'을
스스로 체험하고 느낄 수 있도록 도와주어야 합니다.
이것이 아이의 인생을 크게 좌우할 것입니다.

일본의 주니어 스포츠 육성 교육은 어릴 때부터 승리의 기쁨을 가르칩니다. 그야말로 성공 체험을 추구하는 것이죠. 아이들에게 '승리의 기쁨을 맛보려면 노력해야 한다'고 가르칩니다. 하지만 항상 이긴다는 보장은 어디에도 없습니다. 경기에서 지는 날이 많아지면 아이는 점점 의욕을 잃곤 합니다. 그런데도 우리는 '이겨야 한다', '이기고 싶으면 노력하자'라고 다그칩니다.

이는 인지적인 생각에 사로잡혀 아이에게 엄청난 부담을 주는 것과 다름없습니다. 주니어 시절에는 '노력하는 것은 즐거운 경험이다'라는 것을 가르쳐주어야 합니다.

해외의 스포츠 교육에서는 바로 이 점을 강조합니다. 예를 들어 미국의 농구나 야구 코치, 브라질과 이탈리아의 축구 코치들은 다양한 시합에서 아이들이 노력의 즐거움을 느끼도록 지도합니다. 어른들의 평가 기준으로 아이의 노력을 정의할 필요는 없습니다. 아이 스스로 기쁨을 느끼는 것으로 충분합니다.

반면 일본은 주니어 시절부터 우승 전략을 짜고, 그 과정에서 느끼는 괴로움을 의지와 노력만으로 극복하라고 합니다. 결국 실력은 늘지 않고 어른이 되어서는 해외 선수들과 격차가 벌어집니다. 대학의 스포츠 활동이 바로 전형적인 예입니다. 노력은 모든 사람이 가진 나만의 능력이라는 점을 잊지 말아야 합니다.

'놀 줄 아는 사람'이
멋진 인생을 산다

자기긍정주의에 매몰되기보다는 자기존재감의 원천인 즐기면서 노력하겠다는 마음으로 인생을 살아보세요.

우선 매사에 '플레이 하드(play hard)'를 실천해보는 건 어떨까요? 바로 이것이 즐기면서 노력하는 행동입니다.

예를 들어 플레이 스포츠 하드, 플레이 비즈니스 하드, 플레이 라이프 하드 등 다양하게 활용할 수 있습니다.

인생은 물론 비즈니스에서도 노력 자체를 즐길 줄 아는 사람은 어떤 일에도 흔들리지 않습니다. 노력에 따라 결과가 달라진다는 사실을 잘 알고 있기 때문입니다.

플레이는 '논다'는 의미도 있습니다. 특별한 성과 없이도 일하는 것 자체를 즐기는 것이 중요합니다. 어릴 때 공원에서 친구들과 놀면서 오늘 무엇을 성공했는지 이야기하지 않았을 겁니다.

'놀 줄 아는' 사람은 성과에 집착하지 않고 자기긍정감의 굴레에 빠지지 않습니다. 저를 포함한 많은 일본인들은 성실함이 제일이라고 생각하기 때문에 이러한 사고방식에 거부감을 느끼고 부정적으로 생각합니다.

비슷하게 '쉬엄쉬엄하자'라는 말에도 불성실하고 '게으르다'라는 이미지가 있습니다.

어린 시절에는 '어차피 할 거면 즐기면서
느긋한 마음으로 하는 편이 좋다'는 마음으로
재미를 경험해보는 것이 좋습니다.

이러한 체험은 어른이 되어도 '어떤 마음가짐'으로 할 것인지, 경험의 수보다 질을 중요하게 여기는 비인지적인 사고를 몸에 익히는 데 도움이 됩니다. 나만의 값진 경험이 내면에 차곡차곡 쌓이면 훨씬 행복한 인생이 될 것입니다.

기분이 좋아지게
만들 수 있다

제가 대표이사로 활동하는 사단법인 다이알로그 스포츠 (Dialogue Sports) 연구소(통칭 Di-spo)에서는 유명 운동선수들과 소통하며 아이들이 기분 좋은 체험을 할 수 있도록 도와주는 '고키겐 수업'('즐거운 수업'이라는 뜻)을 진행합니다.

이 수업에는 럭비 선수, 브레이크댄스 선수, 수상스키 선수, 라크로스 선수, 풋살 선수 등 다양한 선수들이 참여하고 있습니다. 일본을 대표하는 유명 운동선수를 포함해 현재 40명 정도 선생님을 맡고 있습니다.

이들은 아이들과 비인지적인 대화를 나누며, 아이들이 몸도 마음도 좋은 체험을 할 수 있도록 돕고 있습니다.

'마음가짐에 따라 기분이 좋아진다'는 것을 직접 체험하고
나만의 가치로 만드는 시간을 보낼 수 있습니다.

이른바 자기존재감 체험 수업입니다.

운동선수들이 흔히 하는 '꿈을 이루자', '목표를 달성하자', '성공 체험을 많이 하자'와 같은 인지적인 접근 방법은 모든 사람에게 통하지 않습니다. 이런 방법은 자기긍정감을 기르는 수업이 되기 쉬워서 아이들은 '지금 내 모습도 괜찮다'는 사실을 깨닫지 못합니다.

'모든 사람이 평등하게 자신의 감정을 나만의 생각과 말로 풀어내는 것.' 이 수업을 통해 깨달은 자기존재감의 가치는 그 무엇과도 바꿀 수 없는 귀중한 나만의 체험입니다. 이 체험은 다양한 감정과 기억으로 아이의 머릿속에 남아 귀중한 자기존재감의 원천이 될 것입니다.

칭찬하지 마세요,
응원하세요

우리 사회는 아이를 '칭찬으로 기르려는' 경향이 있습니다. 그러나 칭찬은 결과는 물론 칭찬해주는 타인을 의존하게 합니다. 아이는 '칭찬받으려면 좋은 결과를 내야 한다'고 생각합니다.

칭찬을 해주는 사람이 부모나 보호자라면 아이는 부모의 사고방식을 그대로 지닌 인격체로 성장합니다. 이는 부모와 자식이 서로 만들어낸, 자기긍정감이라는 굴레에 빠진 가족의 전형적인 모습입니다.

칭찬은 사람에게 독이 되는 인지적인 접근 방법입니다.
또한 분노나 칭찬으로 사람을 조종하는 것도
상대방을 의존하게 하는 방법입니다.

이 말을 듣고 여기에 휩쓸리면 상대방이 화를 낼까 걱정하며 그 사람의 눈치를 살피거나, 칭찬받고 싶어서 계속 노력하는 시스템이 만들어집니다. 그러면 나만의 방식으로 성장할 수 없음은 물론 건강한 삶을 살 수도 없습니다.

자기존재감을 길러주는
최고의 말

자기존재감을 기르는 데 가장 중요한 것은 감사의 말입니다. 그 사람이 무슨 생각을 하고 어떤 감정으로 어떻게 행동하여 어떤 결과가 되었든 상관없이, 우선 아이에게 감사의 말을 가르쳐야 합니다.

감사의 말을 하는 아이는 훗날
자기존재감을 깨닫고 기를 수 있습니다.

말과 행동으로 권유하는 만큼 지시적인 요소가 있어서 오해를 불러올 수도 있지만, 일단 감사의 표현을 할 줄 알면 자기존재감을 기를 수 있습니다.

결과에 상관없이 자신의 목적을 이루기 위해 어떤 일에 최선을 다했다면, 그 노력을 알아주는 '고마워요'라는 말 한마디로 자기존재감을 기를 수 있습니다.

결과는 좋을 때도 있고 나쁠 때도 있습니다. 어쩌면 객관적인 성과는 좋은데 내 마음에 차지 않을 때도 있습니다.

하지만 노력함으로써 나라는 존재와 그 일을 할 수 있음에 감사할 줄 안다면, 아이는 자신의 존재 가치에 눈을 뜨고 남의 도움 없이도 최선을 다하고자 할 것입니다.

이것이 자기존재감을 가지고 나답게 살아가는 방법입니다. 존재 자체가 감사하다는 말 한마디, 그것이 자기존재감을 기르는 비결입니다.

지금 여기 있어줘서
고마워

칭찬과 마찬가지로 감사의 말도 남에게 듣는 것이지만, 칭찬과 감사는 전혀 다른 개념입니다. 칭찬에는 평가가, 감사에는 조건 없는 사랑이 있습니다. 상대방이 받아들이는 의미에 차이가 있는 것이죠. 감사의 말로 전달하는 조건 없는 사랑은 자기존재감의 원천이 됩니다.

어른이 되면 인지적인 세계에 이끌려 결과나 평가에 집착하는 자기긍정감이라는 굴레에 빠지기 쉽습니다. 그래서 어린 시절에 보호자나 부모로부터 자기존재감의 씨앗인 감사의 말과 사랑을 느껴보는 것이 중요합니다.

'태어나줘서 고마워.'

'지금 여기에 있어줘서 고마워.'

이런 말을 들으면 나를 타인의 기준으로 평가하지 않으며 존재 그 자체에 가치 있음을 실감할 수 있습니다. 이러한 조건 없는 사랑은 이 세상 어디에도 없는 나만의 체험과 경험이며, 자기존재감을 길러주는 원동력입니다.

'응원'과 '기대'를
혼동하지 마세요

조건 없는 사랑과 비슷한 것으로 응원이 있습니다. 응원은 특별한 보상이 없지만, 우리는 흔히 사랑과 착각하여 쉽게 기대합니다. 응원의 말을 듣는 사람은 멋대로 그것을 사랑이라고 착각하는 것입니다.

특히 부모의 '기대할게'라는 말을 듣고 자란 아이는 부모의 사고방식에 맞춰 성장했기 때문에 좋은 성과를 내서 그 기대에 부응하려고 합니다. 이때 아이는 물론 부모도 기대한 만큼 아이가 잘하지 못하면 스트레스를 받습니다.

부모의 기대를 받고 자란 아이는 자기긍정감에 집착하여 항상 괴로워하고 스트레스를 받으며 살아가기 쉽습니다. 반면 응원의 말을 듣고 자란 아이는 결과에 상관없이 힘을 얻고 자기 존재감을 느낍니다.

부모가 자신에게 기대하는지 아니면 나를 응원하는지는 아이가 느끼기 나름입니다. 그러니 부모가 아이를 응원하고자 한 말이라도 그것을 기대로 받아들이면, 자기존재감은 자라지 않습니다. 이것은 상사와 부하, 또는 코치와 선수 관계에서도 마찬가지입니다.

나만의 방식으로 인생을 즐겁게 살려면 자기긍정감 지상주의에 빠진 사고방식에서 탈출해야 합니다. 그래야 행복한 삶을 살 수 있습니다. 이제까지 인지적인 사고, 인지적인 말을 습관적으로 사용했다면, 사고방식을 바꿔서 나라는 존재, 나의 마음, 양보다는 질적인 것에 눈을 돌리는 습관을 익혀보세요. 그러면 훨씬 행복한 사회가 될 것입니다.

어렵게 느껴질 수 있지만, 아직 익숙하지 않은 것뿐입니다. 비인지적인 사고는 누구나 할 수 있습니다. 이제까지 이야기한 것을 토대로 사고를 전환한다면, 반드시 자기존재감의 세계를 발견할 수 있을 것입니다.

인지적인 사고의 세계는 단순히 진화한 동물 사회이며, 진정한 의미의 인간 세계는 비인지적인 사고를 지닌 문화적 사회입니다. 이러한 사회에서는 심리적으로 피폐해지거나, 인간으로서 존엄을 잃을 일이 없습니다.

지금부터 우리 모두
할 수 있다!

지금까지 자기존재감을 기르는 데 어린 시절의 성장 과정이 중요하다는 이야기를 했습니다.

이것은 아무리 강조해도 지나치지 않는 이야기입니다. 먼저 어른들이 사고를 전환하여 아이들이 직접 체험하고 경험할 수 있도록 도와주어야 합니다.

어른이 과거 자신의 성장 과정을 탓하기보다 미래의 아이들을 위해 앞장서서 비인지적 사고를 하도록 노력해봅시다. 이러한 습관은 지금부터라도 실천할 수 있습니다.

이어서 사고를 전환하는 방법을 하나하나 알아봅시다.

나의 상태를 깨닫기

자기존재감을 기르기에 앞서 먼저 해야 할 것은 내가 '자기긍정감 지상주의에 빠져 인지적인 뇌가 과잉 작용한 상태로 결과나 행동, 외부 환경에 집착하고, 타인과 비교하고 평가하며 살고 있다'는 사실을 깨닫는 것입니다.

자신의 현재 상태를 깨닫는 것만으로 인지적인 뇌의 폭주를 잠재울 수 있지만, 반대로 깨닫지 못하면 이 증상은 심해질 것입니다. 따라서 나의 상태를 먼저 깨닫는 것이 비인지적 사고의 시작입니다.

나의 내면에 몰입하는 습관 만들기

'지금 내 감정은?', '나는 어떻게 하고 싶은 걸까?', '내 목적은 무엇이지?', '내가 좋아하는 것은?' 등 마음을 가라앉히고 천천히 생각해보세요.

나를 관찰하다 보면 이제까지 보이지 않았던 것이 서서히 보이기 시작할 것입니다. 인지적인 뇌만을 사용해 극복했던 과거와는 다른 점을 느낄 수 있습니다. 이것이 뇌의 사고를 전환하는 일이며, 자기존재감을 기르는 일입니다.

비인지적인 사고로 전환하면 자기긍정감의 굴레에 빠져 있던 과거의 나와는 다른 사람으로 새롭게 태어날 수 있습니다. 그러면 같은 일도 다르게 보일 것입니다.

이 작은 변화를 긍정적으로 수용하면 나의 존재 가치가 무엇인지 깨달을 수 있습니다. 이렇게 비인지적인 사고방식을 활용하여 자기존재감을 가지면 인생을 즐겁게 사는 방법도 자연스럽게 터득할 수 있습니다.

뇌가 새로운 사고 기술을 익힌다는 것은 새로운 언어를 익히는 것과 비슷합니다. 하지만 언어의 원리를 이해한 것만으로 제대로 습득했다고 볼 수 없습니다. 새로운 언어는 실제로 사용했을 때 비로소 뇌 안에 시냅스가 형성되어 나만의 것이 됩니다. 이것은 외국 사람과 대화를 나누다 갑자기 무슨 말을 하는지 이해되는 것과 비슷한 이치입니다.

비인지적인 사고를 연습하다 보면
언젠가는 나만의 능력이 될 것입니다.

자기존재감 동료 만들기

주변에 자기존재감의 필요성에 공감하고 능동적인 삶을 중요시하는 사람이 있다면, 그들과 가치관을 공유해보세요. 같은 가치관을 가진 사람들과 소통함으로써 비인지적 사고를 훨씬 쉽게 익힐 수 있습니다.

안타깝게도 오늘날에는 인지적인 사고방식 때문에 자기긍정감에 집착하여 스트레스를 받는 사람들이 많습니다.

하지만 반드시 '사고방식을 바꾸고 싶다'고 생각하는 동료가 한 명쯤은 있을 겁니다. 어쩌면 그 사람은 가족이나 회사 혹은 어떤 커뮤니티 안에 있을 수도 있습니다.

소수이긴 하지만 당신 외에도 주변에 이러한 사람은 반드시 있습니다. 비인지적 사고를 열심히 갈고닦으면 언젠가 동료를 발견하거나 그러한 사람들이 내 주변에 모일지 모릅니다.

저는 우리 사회가 자기존재감을 가지고 자기만의 삶의 방식으로 사는 사람들이 넘치는 곳이기를 진심으로 바라고 있습니다. 이 책이 조금이라도 그러한 사회가 되는 데 도움이 되면 좋겠습니다. 여러분은 저의 동료이기도 하니까요.

Review

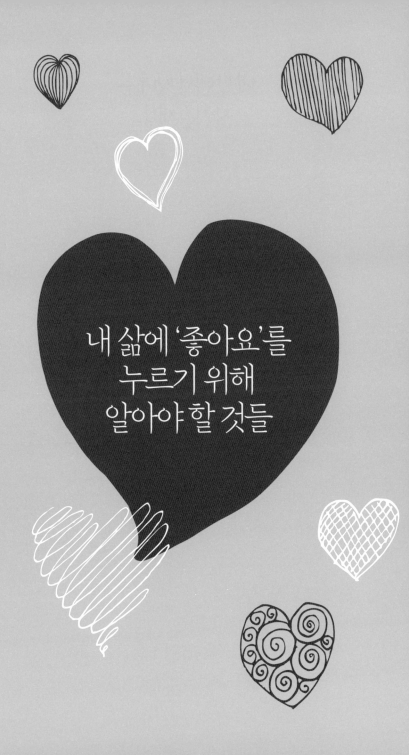

내 삶에 '좋아요'를
누르기 위해
알아야 할 것들

내 안에서 빛나는
자기존재감

요즘 우리 사회는 자기긍정감의 굴레에 빠져 많은 사람들이 괴로워하고 있습니다. 이렇게 괴로운 이유는 어릴 때부터 인지적인 사고의 지배를 받으며 자랐기 때문입니다.

긍정감은 평가를 동반하기 때문에 자기긍정감을 높이기 위해 '평가를 바꾸거나' '훨씬 좋은 평가'를 한다는 것은 불가능합니다.

우리 사회는 말 그대로 인지적인 사고에 매몰되어 있습니다. '자기긍정감을 기른다'는 말에도 당연히 인지적인 사고가 숨어 있습니다.

인지적인 사고에서 벗어나 자기존재감을 가지는 방향으로 사고를 전환하는 것은 어떨까요?

자기존재감을 갖추는 데는 타인의 평가가 필요 없습니다. 내 안에 존재하는 것을 발견하는 비인지적 사고만으로도 자연스럽게 자기존재감을 가질 수 있습니다.

반면 자기긍정감을 유지하는 데는 많은 에너지가 필요하며 끊임없이 외부의 평가를 받거나 남과 비교해야 한다는 고정관념이 있습니다. 그래서 나를 긍정하는 일에 집착하다 보면 항상 괴로움에 시달리는 것입니다.

비인지적인 사고는 언제 어느 때라도 내 안에 '있는 것', 내가 가지고 있는 것 자체를 소중히 여길 줄 아는 사고방식입니다. 그렇기에 굳이 평가하거나 남들과 비교하지 않고도 나만의 가치를 유지할 수 있습니다.

선(禪) 사상 중에 '회광반조(廻光返照)'라는 말이 있습니다. '밖에서 빛을 찾지 말고, 내면에 이미 존재하는 빛을 나에게 비추어야 한다'는 교훈을 담고 있습니다.

이 말이야말로 비인지적 사고입니다.

있는 그대로
존재하는 것

인지적인 사고와 비인지적인 사고가 무엇이 다른지 다시 한 번 표로 정리했습니다.

인지적인 사고는 항상 외부의 기준을 중시하므로 결과나 타인의 평가를 중요하게 여깁니다. 일반적으로 가정과 학교, 사회에서는 주로 인지적인 사고를 기르는 교육을 합니다. 아마도 저를 포함해 여러분도 이런 교육을 받으며 자랐을 것입니다.

그 결과 사회 전반적으로 자기긍정감을 기르기 어렵다는 인식과 그럴수록 더더욱 '반드시 자기긍정감을 길러야 한다'는 고정관념이 생겼습니다. 어쩌면 우리는 사회로부터 학대받는 상황이라 해도 과언이 아닙니다.

한편 비인지적인 사고는 나의 내면, 즉 나라는 존재와 나의 마음을 들여다보는 사고를 말합니다. '인간이 인간답게 살아가

자기긍정감과 자기존재감의 차이

자기긍정감	자기존재감
인지적인 사고	비인지적인 사고
기르는 것	가진 것
목표	목적
꿈	생각
노력	있는 그대로
잘하는 것	좋아하는 것
사건	감정
비교하기	나 자신
행동하는 것(Doing)	존재하는 것(Being)
부족한 것	원래 있는 것
자신감	믿음
칭찬하기	이해하기

는 데 필요한 사고'인데도, 학교에서 배운 적이 없습니다.

이 사고방식을 잘 익히면 자기긍정감을 기를 필요도 없으며, 자신의 존재 가치를 깨닫고 나다운 인생을 살 수 있습니다.

'내가 원하는 대로 살았다'고
말하기 위해 알아야 할 것들

인지적 사고와 비인지적 사고의 핵심 키워드를 비교하면서
자세히 설명해보겠습니다.

목표와 목적

목표는 외부 지향적으로 인지적 사고의 대표적인 키워드입
니다. 목표를 추구하는 일은 훌륭하지만 우리는 모든 목표를
달성할 수 없고 항상 성공할 수도 없습니다.

한편 '왜 그 목표를 지향하는가?', 즉 그 목표의 '목적'은 내재
적 동기의 출발점이라 할 수 있습니다. '목적을 갖고 노력하다',
'목적을 갖고 산다' 등에서 말하는 목적은 바로 내 안에 있는 것
으로, 이것이 자기존재감의 출발점입니다.

나만의 목적을 찾는 일은 쉽지 않지만 '목적이 무엇일까?'라고 생각하는 비인지적 사고를 갖는 습관이 자기존재감을 키워 줄 것입니다.

목적에는 정답이 없습니다. '내가 이 일을 하는 이유는?', '내가 진짜 바라는 일인가?'라는 것을 생각하는 습관을 들이는 것이 중요합니다.

꿈과 생각

이 또한 목표와 목적의 관계와 비슷합니다. 우리는 흔히 '꿈을 이루자'라고 이야기하는데, 이것은 인지적인 사고입니다. 꿈을 이루려고 노력하는 것은 매우 중요하지만 모든 사람들이 꿈을 이루지는 못합니다.

꿈을 포기하지 않고 끝끝내 이루는 모습은 매우 감동적입니다. 그러나 남들과 비슷한 꿈을 좇는 인지적인 접근법으로는 자기긍정감을 유지하기 힘듭니다.

반면 비인지적인 사고는 '내 생각을 중요하게 여기는 것'이며, 내가 어떤 일을 하고 싶은지 생각하는 것입니다. 즉, '나는 무엇을 하고 싶은 걸까?'라는 질문이 비인지적인 사고의 출발점입니다.

뭐든지 남이 시키는 대로만 하고 자라면, '내가 무엇을 하고 싶은지, 무엇을 바라는지'를 정확하게 모른 채 어른이 됩니다.

그러면 내 생각과 마음이 어떠한 상태인지 알 수 없을 뿐만 아니라 자기존재감도 잃어버리게 됩니다. 이러한 정신적인 고통을 자기긍정감으로 극복하려다 오히려 괴로워하는 사람들이 많습니다. '꿈을 이루면, 자기긍정감이 생긴다'고 굳게 믿는 것이죠.

'어떻게 하고 싶은 걸까?'라고 스스로에게 질문하며 내 안을 들여다보세요. 우리 안에 반드시 존재하므로 스스로 물어보고 깨닫는 과정을 통해 자기존재감을 자연스럽게 가질 수 있습니다.

노력과 있는 그대로

우리 사회는 목표나 꿈을 이루기 위해 노력해야 한다는 사고 방식을 미덕처럼 여깁니다. 목표나 꿈을 위해 노력하는 것은 물론 훌륭한 일입니다. 하지만 남들이 정한 기준과 평가에 집착한다는 의미에서 이것은 인지적 사고의 키워드입니다.

목표나 꿈을 달성하기는 쉽지 않습니다. 우리는 흔히 꿈과 목표를 이루려면 노력, 근성, 인내가 필요하다고 강조합니다.

자기긍정감을 기르려면 노력해야 한다고 생각하지만, '노력하면 좋은 일이 생긴다', '고생 끝에 낙이 온다'는 생각은 망상입니다.

좋은 결과는 나의 리듬에 맞춰 천천히 하다 보면 자연스럽게 따라오는 것이지, 애써 '고생하고 노력하며 인내한' 대가가 아닙니다. 그러나 대부분은 이러한 고정관념에 휘둘리기 때문에 자기긍정감도 제자리걸음일 수밖에 없습니다. 그런데도 우리는 인내해야 한다고 믿습니다.

이러한 생각에서 벗어나는 방법은 우선 나를 있는 그대로 받아들이고 오늘 내가 할 수 있는 일을 하는 것입니다. 우리 사회는 '지금의 내 모습에 만족한다는 것은 성장을 부정하는 것이다'라는 근거 없는 강박관념에 빠져 있습니다.

지금의 내 모습을 있는 그대로 받아들이고 자기존재감을 유지하며 살아가면 성장하고자 하는 의욕 또한 자연스럽게 솟아납니다.

'노력하면 성장한다'는 생각보다 '있는 그대로의 내 모습을 받아들이겠다'고 생각하는 순간 우리는 성장할 수 있습니다.

잘하는 것과 좋아하는 것

인지적인 사고가 만연한 사회에서는 학교교육부터 남과 비교하거나 평가받으며 자랍니다. '특기를 길러라'라는 말은 인지적 사고방식의 전형적인 생각입니다.

인지적인 사회구조에서는 당연한 말입니다. 노력을 부정하는 건 아니지만, 이렇게 생각하면 자기존재감을 가질 수 없습니다. 특기란 남들보다 잘하는 것이기 때문입니다. 결과적으로 남과 비교해야 합니다.

하지만 나보다 뛰어난 사람은 어느 분야에서든 많습니다. 그래서 항상 초조해합니다. 이 불안감 때문에 끊임없이 실력을 키우고 자기긍정감을 길러야 한다는 굴레에 빠집니다. 이 때문에 우리 사회는 항상 피곤합니다.

자기긍정감의 굴레에 갇혀 있는 세상일수록 이 생각을 강요하므로 마음의 병이 생깁니다.

이럴 때일수록 내가 좋아하는 것을 우선으로 두어야 합니다. 내가 좋아하는 것은 남들과 비교할 필요 없고 자유롭고 절대적인 나만의 것이며 자기존재감의 원천입니다.

내가 좋아하는 것에는 좋은 것도 나쁜 것도, 그리고 레벨의 차이도 없습니다. 좋아하는 것을 소중히 여길 줄 아는 사람은 자기존재감을 자연스럽게 가질 수 있습니다. 이것은 '일을 사랑해라'라든가 '좋아하는 일을 직업으로 삼자'는 의미가 아닙니다. 그보다 누구나 하나쯤은 내면에 좋아하는 것이 있다는 것을 알고 살아야 한다는 뜻입니다. 좋아하는 것이 있는 것만으로도 충분합니다.

사건과 감정

인지적인 사고는 내가 아닌 타인과 외부 환경에 의존하고, 거기에서 얻은 정보를 토대로 그 기준에 나를 맞추려고 노력합니다. 그중 대표적인 것이 외부에서 일어나는 사건입니다.

우리는 매일매일 어떤 사건에 쫓기고 거기에 휘둘리며 살아갑니다. 외부에서 일어나는 사건은 끝이 없으며 스스로 제어할 수 없습니다. 하지만 우리는 여기에 휩쓸려 나다운 모습을 잃고 맙니다.

이러한 불안정한 상황에서 항상 좋은 일만 생기도록 노력한다거나 자기긍정감을 기르는 것은 쉽지 않습니다.

외부에서 다양한 사건이 일어나는 것처럼 나의 내면에서도 끊임없이 다양한 감정이 생깁니다. 이 감정은 나만의 자유로운 것이며, 감정은 나의 존재 그 자체입니다. 내가 어떻게 느끼든 어떤 감정을 가지든, 인간답게 살아가는 데 필요한 인간의 존엄입니다.

내 감정을 한번 살펴보길 바랍니다. 나의 내면을 들여다보는 것이 바로 비인지적 사고입니다. 나의 감정을 잘 아는 사람은 자기긍정감에 휘둘리는 일도 없으며, 나만의 자기존재감을 가질 수 있습니다.

비교하기와 나 자신

자기긍정감 지상주의가 만연한 사회에서는 남들보다 뛰어난 능력을 길러야 한다고 강조합니다. 인지적 사고방식이 깔려 있어서 늘 남과 비교하도록 교육받았기 때문입니다.

예를 들어 어느 쪽이 길까, 어느 쪽이 맞을까, 어느 쪽이 클까, 어느 쪽이 훌륭할까, 어느 쪽이 뛰어날까, 어느 쪽이 아름다울까, 어느 쪽이 잘할까 등 다양한 부분을 비교합니다.

비교 지상주의에서는 자기긍정감을 기르는 것은 불가능합니다. 끊임없이 남과 비교하는 데 정신적으로 많은 에너지를 써야 하기 때문입니다.

그런데도 자기긍정감을 길러야 한다며 인지적인 사고방식을 놓지 못하는 사람들이 여전히 많습니다.

남과 비교할 필요 없습니다. 우리가 죽을 때까지 함께하는 사람은 바로 나 자신입니다. 남과 비교하는 사고방식을 버린다면 나라는 존재와 그 존재의 가치를 깨달을 수 있습니다.

남과 비교하는 것보다 나 자신이 먼저입니다.

'세상의 중심에서 나를 외쳐라!'

이 말은 '모든 건 나를 중심으로 돌아간다'는 의미이지만 '자기중심'과는 다릅니다.

어떤 세상에서든 나는 나이며, 나의 존재 자체가 소중하다는 의미입니다. 이러한 생각이 있으면 자기존재감도 높아지고 마음의 여유도 생겨 다른 사람들을 친절하게 대할 수 있습니다. 그러니 먼저 마음속으로 '나를 소중히 여기자'라고 외쳐봅시다.

행동하는 것과 존재하는 것

인지적인 세계는 행동을 중심으로 돌아가기 때문에 우리는 항상 무언가를 해야 한다는 강박에 사로잡혀 꾸준히 어떤 일을 합니다. 이것은 끊임없이 'Doing' 하는 세계입니다. 모든 일에 우선순위를 매기고, 원인을 분석하고, 남의 기준을 신경 쓰는 등의 인지적인 사고를 하면서 살아가는 세계입니다.

여러분의 머릿속은 항상 '무언가 꼭 해야 한다'는 생각으로 가득합니다. 이것은 완벽하게 온 신경이 밖을 향해 있다는 것을 의미합니다.

그래서 결과가 나와야 마음이 편안해지고, 결과가 좋을수록 자기긍정감을 기를 수 있다는 생각에 'Doing'의 강도를 점점 높이는 악순환에 빠집니다.

그런데 이렇게 끊임없이 무언가를 한다고 해서 자기긍정감을 기를 수 있을까요?

저는 불가능하다고 생각합니다.

반면 나를 중심으로 돌아가는 비인지적인 사고는 'Being'을 중요하게 생각하기 때문에 자기존재감을 유지할 수 있습니다. 우리는 항상 '어떤 모습으로 살고 싶은지'를 사유하는 존재입니다. 다시 말하면 '어떠한 삶을 살고 싶은지'를 항상 고민합니다.

어떠한 삶을 살고 싶은지는 생각보다 빨리 찾을 수 없고 다른 사람에게 물어봐도 정답을 알 수 없습니다. 정답은 내 안에 있기 때문입니다.

자기존재감은 스스로 발견하는 것이며, 내가 '어떤 모습으로 살고 싶은지'를 생각하는 것에서부터 시작합니다.

저도 처음에는 '어떤 모습으로 살고 싶은지'를 진지하게 생각해본 적이 없어서 어려웠습니다. 하지만 끊임없이 질문한 끝에 결국 나만의 'Being'을 찾았습니다.

저는 항상 '자유롭고 느긋하게' 살고 싶습니다. 물론 행동에는 어느 정도 제약이 있습니다. 예를 들어 지금도 마감에 쫓겨 한밤중에 원고를 써야 한다는 'Doing'에 사로잡혀 있습니다.

하지만 자유를 향한 나만의 의지, 나만의 'Being'은 다른 사람의 방해를 받지 않습니다.

'자유로워지고 싶다'고 생각하는 '나'라는 존재가 바로 자기존재감의 원천입니다. 저는 내 안에 있는 욕구에 동기부여를 받아 살아가고 있습니다. 이런 의미에서 보면 자기긍정감은 딱히 없어도 상관없다는 확신이 듭니다.

부족한 것과 원래 있는 것

인지적인 사고는 부족한 부분을 찾아 그것을 채우겠다는 사명감으로 뇌를 움직이게 하고, 우리의 생각을 지배합니다. 그래서 우리는 머릿속으로 항상 무언가가 부족하다고 생각하는 경향이 있습니다. '못하는 것이 무엇인가?', '무엇이 문제인가?', '어떻게 해야 좋은 성과를 낼 수 있을까?'라는 생각을 하도록 철저하게 교육받기 때문입니다.

부족하다고 생각할수록 욕심은 점점 커집니다. 자기긍정감을 계속 높이려다 보면 부족한 것을 참지 못하게 됩니다.

우리가 평소에 자기긍정감을 높이고 길러야 한다고 입버릇처럼 말하는 이유는 바로 이러한 강박관념 때문입니다. 나의 부족한 면만 생각하고, 자기긍정감이 낮다고 비판하느라 바쁜

숨 막히는 세상에 살고 있습니다.

반면 자기존재감은 '원래 있는 것'을 발견하는 일입니다. 여러분은 무엇을 가지고 있나요?

우리는 심장, 감정, 코, 위, 마음, 피, 생각, 뇌, 하고 싶은 것 등 각양각색의 것을 이미 가지고 있습니다.

그중 우리는 그 무엇과도 바꿀 수 없는 최고의 가치인 생명을 가지고 있습니다. '살아 있다'는 것은 자기존재감을 갖고 있다는 뜻입니다. 우리가 살아 있는 것은 당연한 것이 아니며, 그 무엇과도 바꿀 수 없는 훌륭한 가치입니다.

그러니 부족한 것만을 좇아 자기긍정감을 계속 길러야 한다는 굴레에서 벗어나세요. 그보다 내가 원래 '가진 것'을 발견하고, 영원불멸한 '자기존재감'이라는 에너지를 토대로 건강한 삶을 살아가기를 바랍니다.

자신감과 믿음

자신감을 갖는 것은 중요합니다. 하지만 자신감은 좋은 결과나 성과를 얻었을 때 느끼는 나의 마음 상태입니다. 결과를 중시하는 자기긍정감과 비슷합니다. '자신감을 가져', '자신감이 없으면 안 된다'는 말을 많이 들어보았을 것입니다.

우리가 괴로운 이유는 자신감이 없는데 결과를 내야 한다는 강박관념에 시달리기 때문입니다. 기대한 성과를 올리지 못하면 실망하게 마련이죠.

이 상황에서 '자신감을 가져'라든가 '자기긍정감을 높이자'는 말을 들으면 괴로움이 배가됩니다.

우선 결과에 집착하지 말고 내 안에 '있는 것'을 믿어보세요. 믿음은 내가 어떻게 하느냐에 따라 달라지는 것이므로 믿음의 출발점은 나 자신이며, 외적인 전제 조건은 필요하지 않습니다.

자신감 지상주의에서 믿음을 중시하는 사고로 전환해보는 건 어떨까요?

믿는 것은 내가 어떻게 마음먹느냐에 달린 것으로 지금 당장이라도 시작할 수 있습니다. 나를 믿는 사람은 흔들리지 않고 자기존재감을 가질 수 있습니다. 자기존재감을 통해 얻은 에너지는 나의 목표와 꿈을 이루어주고 자신감을 키워줍니다.

때로는 원하는 결과를 얻지 못해 속상하고 실망할 수 있습니다. 하지만 자기긍정감 대신 자기존재감을 가지면, 나답게 나만의 인생을 살 수 있는 선순환을 스스로 익힐 수 있습니다.

마지막으로 살펴볼 키워드는 다른 사람의 말로 자기존재감을 얻는 방법입니다.

인지적인 사고가 지배하는 자기긍정감 지상주의 세계에서는 칭찬하기가 주류이지만, 이는 어떤 결과가 있어야 할 수 있는 것입니다.

따라서 '누군가가 내 성과를 칭찬해주면 좋겠다', '다른 사람의 성과를 칭찬한다'와 같이 칭찬을 통해 자기긍정감을 높여야 한다는 집착을 만듭니다. 결국 '칭찬받으려면 항상 성과가 좋아야 해'라고 무의식적으로 자신을 속박하게 됩니다.

자기존재감을 기르려면 남의 '이해를 받는 것'이 중요한데, 특히 나의 감정과 생각을 알아주어야 합니다. 감정과 생각은 그 사람 고유의 것이므로 남이 나를 이해한다는 의미는 '나의 존재를 알아준다'는 의미와 같습니다.

이때 존재를 알아주는 비결은 무조건 동의하는 것이 아니라 이해하는 것입니다.

우리는 각자 여러 감정과 생각을 품고 있고 여기에는 옳고 그름은 없으나 약간의 차이가 있기 때문에 동의로는 부족합니다. 반면 이해한다는 것은 상대방이 가지고 있는 감정과 생각을 인정하는 것입니다.

어린 시절부터 이해받고 자란 사람이거나, 어른이 되어서도 이러한 환경에 있는 사람은 자기존재감을 가지고 있습니다. 우리는 내심 나를 '알아주었으면' 하는 마음을 갖고 있습니다. 그러니 칭찬보다 이해를 통해 자기존재감을 길러야 합니다.

지금 당장
자기존재감 기르는 연습

마지막으로 혼자서도 얼마든지 할 수 있는 자기존재감을 기르는 연습을 간단히 소개하겠습니다.

- 기분 나쁠 때보다 기분 좋을 때의 내 모습을 상상해보고, 내 감정의 가치를 일주일에 한 번 10개 이상 써보기
- 내가 좋아하는 일, 물건, 사람, 음식, 장소 등을 아무거나 많이 써볼 것. 없다면 하나라도 써보기.
- 내가 하고 싶은 것은 무엇일까? 도라에몽에게 빌고 싶은 소원을 써보기.
- 내가 생각하는 '이상적인 삶'과 '이상적인 모습'을 생각하고 써보기.
- 내가 자주 느끼는 감정을 10개 정도 일주일에 한 번 써보기.

- 지금 목표가 있다면 '그 목표를 달성하고 싶은 이유'를 생각하고 써보기.
- 틈날 때마다 나만의 자기소개서를 써보기.
- 좋아하는 일과 즐거웠던 경험을 써보기.
- 나를 한 단어로 표현해보고, 그렇게 정의한 '이유'도 함께 써보기.
- 매일 '나를 믿는다'고 10번 말해주기.
- 매일 나에게 내 나이만큼 '고마워'라고 말해주기.
- 내가 중요하게 생각하는 좌우명 써보기.
- 한 달에 한 번, 내가 성장한 부분과 변화한 부분을 써보기.
- 내가 할 수 있는 것을 10개 정도 한 달에 한 번 써보기.

전부 실천하는 것도 좋지만, 할 수 있는 것부터 차근차근 시도해보길 바랍니다.

중요한 것은 조금이라도 매일 계속하는 것입니다. 이 중에서 내가 실천한 것, 실천하고 느낀 감정, 새롭게 깨달은 감정 등을 가족이나 친구, 지인과 함께 이야기하는 것도 좋습니다.

이것을 반복하다 보면 점점 비인지적인 사고가 머릿속에 자리 잡기 시작할 것입니다. 그러는 사이 자기존재감이 느껴지고, 자기긍정감에 집착했던 과거에서 벗어나 에너지 넘치는 나만의 인생을 살 수 있습니다.

자기존재감을 가지면 나만의 안식처가 현재 내 안에 있다는 안정감을 느낄 수 있습니다. 우리에게는 안식처가 필요합니다. 자기긍정감 지상주의 세계에서는 안정감을 가지기 어렵습니다.

우리 개개인의 안식처는 바로 나 자신이며 이를 깨닫는 삶의 원동력은 바로, 자기존재감입니다.

감사의 말

이 책은 제가 이제까지 만난 많은 분들의 도움으로 탄생했습니다. 책의 내용은 지금까지 제가 경험하고 체험한 것들의 모음집입니다. 가족을 비롯해 많은 동료와 지인, 포레스트 출판사 관계자들, 그리고 여기까지 읽어주신 당신에게 감사의 말을 전합니다. 정말 고맙습니다.

스포츠 닥터, 쓰지 슈이치

아주 특별하고, 어떤 경우에도 중요하고 독특하며
단 하나뿐인 '나'라는 존재

원셀프

초판 1쇄 인쇄 2024년 11월 15일
초판 1쇄 발행 2024년 11월 20일

지은이 쓰지 슈이치
옮긴이 한세희
편집 추지영
디자인 이다오
마케팅 신용천
물류 책글터
펴낸곳 시옷책방
주소 서울시 마포구 동교로 75
전화 02-332-3130
팩스 02-3141-4347
전자우편 million0313@naver.com
블로그 https://blog.naver.com/millionbook03
인스타그램 @millionpublisher_
ISBN 979-11-91777-85-7 03190
정가 18,000원